AVALIAÇÃO DA APRENDIZAGEM

sensos

Robson José de Moura Silva
Sônia Maria de Lima
Luciano dos Santos
(orgs.)

Natal, 2021

Revisão *Robson José de Moura Silva*

Projeto Gráfico e Diagramação *Caule de Papiro*

Catalogação da Publicação na Fonte.
Bibliotecária/Documentarista:
Rosa Milena dos Santos - CRB 15/847

S586a

Silva, Robson José de Moura. Avaliação da aprendizagem: sensos / Robson José de Moura Silva; Sônia Maria de Lima; Luciano dos Santos (orgs.). – Natal: Caule de Papiro, 2021.

220 p. : il.

ISBN 978-65-86643-33-6

1. Avaliação da aprendizagem. 2. Avaliação educacional. 3. Aprendizagem. I. Lima, Sônia Maria de. II. Santos, Luciano dos. III. Título.

RN CDU 371.26

Caule de Papiro gráfica e editora
Rua Serra do Mel, 7989, Cidade Satélite
Pitimbu | 59.068-170 | Natal/RN | Brasil
Telefone: 84 3218 4626
www.cauledepapiro.com.br

Sumário

Prefácio

Avaliar infere dedicar determinado grau de atenção ao desempenho de certa ação, a qual passa pela apreciação e julgamento do avaliador, conduta esta que fazem parte da vida em sociedade, avaliamos filmes, roupas, culturas e comportamentos, este último carregado por expressões julgadoras, mas que pouco nos posicionamos nesse critério. No âmbito educacional, a avaliação da aprendizagem não é diferente, porém possui particularidades que a distingue de qualquer outro tipo de avaliação, porém poucos são os professores que se sujeitam a avaliarem seus próprios desempenhos profissionais ou permitirem ser avaliados.

Diante desta conjuntura, a obra *"Avaliação da Aprendizagem: Sensos"* traz à tona diversos aspectos que correspondem às práticas avaliativas educacionais, buscando-se evidenciar se elas são realmente capazes de solicitar aquilo que fora ensinado, isto é, evidenciar a disposição de elementos qualitativos e quantitativos que devem compor as abordagens avaliativas.

Todas as discussões que compõem esta obra englobam aspectos reflexivos, pontos de vista, apontamentos legais, dentre outras expressões que embasaram os autores a reproduzirem em seus escritos toda uma complexa relação educacional mediante as práticas avaliativas que são promovidas no país.

No capítulo inicial, são apresentadas discussões pertinentes ao campo da prática avaliativa institucional, a qual tem sido alvo de diversas pesquisas que visam expor a importância e, ao mesmo tempo, as mazelas subjacentes aos processos avaliativos, desde sua gênese na formação inicial docente a práticas avaliativas tendenciosas e insatisfatórias.

No segundo capítulo, é apresentado um debate acerca dos aspectos avaliativos no contexto da Educação Infantil. Ao longo das últimas décadas, diversas pesquisas e estudos têm sido postulados acerca da temática avaliação cuja qual também nos conduziu à apreciação dos aspectos relacionados às contribuições do processo de avaliação da aprendizagem de crianças de 0 a 5 anos, a partir de distintas perspectivas teóricas.

No capítulo terceiro, são discutidos aspectos teóricos relacionados às abordagens avaliativas na Educação Infantil enquanto recursos complementares à prática pedagógica frente aos desafios da superação das dificuldades de aprendizagens.

No quarto capítulo, são apresentados os aspectos referentes à avaliação diagnóstica e suas contribuições para a prática educativa no Ensino Fundamental, haja vista tratar-se de um recurso imperecível para se identificar, previamente, pontos cruciais quanto às habilidades e competências dos alunos antes da apresentação de novas propostas de ensino.

No quinto capítulo, são abordadas discussões referentes as práticas pedagógicas voltadas à avaliação da aprendizagem, especialmente, tratando-se acerca dos contrastes existentes entre a teoria (orientações educacionais legais) e o processo de ensino expressivamente longínquo das pressuposições norteadoras, evidenciado enquanto um dos principais aspectos obstrutores de abordagens avaliativas exitosas.

No capítulo seis, são apresentadas concepções referentes ao ensino remoto/híbrido e suas potenciais contribuições ao processo de ensino-aprendizagem, através de posicionamentos críticos quanto a possibilidades da existência de ambiguidades em suas definições teóricas e os reflexos destas para o processo avaliativo.

No capítulo sete, é abordada uma discussão pertinente aos reflexos da avaliação somativa enquanto mecanismo mensurador da aprendizagem, sobrepondo-se aspectos qualitativos sobre sua integridade, implicando na sustentação de elementos burocráticos do sistema educacional em relação à efetividade do acompanhamento da aprendizagem.

No capítulo oito, é discutida a adoção da avaliação enquanto mecanismo de regulação da aprendizagem sob o enfoque de diversas influências administrativas sobre o processo de ensino-aprendizagem, bem como os reflexos destes sobre o desenvolvimento do campo educacional moldado sob os prismas políticos, econômicos e sociais divergentes.

No capítulo nono, se discute a apreciação das práticas avaliativas educacionais enquanto metodologias pertinentes, plausíveis e indissociáveis da consecução de resultados na Educação Básica, entretanto, também, encontram-se sujeitas a falhas, lacunas e críticas imperativas que evidenciam uma emergente necessidade de renovação.

No décimo capítulo, é discutida a perspectiva da avaliação da aprendizagem mediante os aspectos referentes a competências e habilidades defendidas por muitos teóricos e contempladas na atual Base Nacional Comum Curricular para a educação nacional.

No antepenúltimo capítulo, há um debate em torno do sistema avaliativo nacional, promovido pelo Instituto Nacional de Estudos e Pesquisas Educacionais Anísio Teixeira, e seus reflexos à manutenção da Educação Básica brasileira, especialmente, tratando-se da etapa do Ensino Fundamental (1° ao 9° ano).

No último capítulo da obra, é abordada uma discussão acerca da realização de práticas avaliativas sob a perspectiva da Base Nacional Comum Curricular e suas prescrições, buscando-se evidenciar os reflexos de uma nova conjuntura normativa mediante práticas de ensino em processo de desenvolvimento.

A organização de todas estas discussões nesta obra nos direciona a compreender melhor como se estabelecem os processos avaliativos na Educação Básica brasileira, bem como a observar fortes contrastes entre a teoria e a prática educacional.

Todas essas considerações profissionais, pessoais e coletivas culminaram na proposta de oferecer uma obra literária capaz de contribuir, significativamente, na vida de seus leitores, principalmente diante das contínuas transformações culturais, políticas e sociais que, consequentemente, tornam flexível o campo da educação, o qual carece, continuamente, de atenção de predisposição afetiva.

Os organizadores.

Apresentação

A obra *"Avaliação da Aprendizagem: Sensos"* representa o empenho de diversos professores e autores brasileiros em prol da educação nacional. Nesta obra, encontra-se disposta uma série de discussões voltadas ao campo da avaliação enquanto prática escolar associada a múltiplas concepções teóricas e pragmáticas, tendo sido pauta de calorosos debates em todo o país com foco, essencialmente, nas reais constatações de contribuições das abordagens avaliativas sobre o desenvolvimento ou estagnação do processo de ensino-aprendizagem, em todas as etapas da Educação Básica.

A avaliação da aprendizagem tem sido alvo tanto de políticas públicas quanto de pesquisas científicas com o intuito de validar as condições mais favoráveis possíveis para que o aprendizado possa efetivar-se com garantias mínimas de êxito, o que requer da sociedade em geral a conscientização de que avaliar não é o mesmo que gerar notas por desempenhos, sendo este o último dos reflexos que deveriam ser reivindicados, decorrente do investimento de uma série de ações e práticas de ensino que buscassem acompanhar o progresso da aprendizagem, identificando carências, reforçando dificuldades e evidenciando dedicações, o que um número não é capaz de transmitir com exatidão e, sim, de forma superficial e excludente.

A proposta cerne da obra *"Avaliação da Aprendizagem: Sensos"* visa revelar conjunturas e práticas avaliativas fortemente resistentes às históricas e atuais determinações normativas e legais em prol da transformação do formato de ensino, isto é, trata-se da oportunidade de conhecer as opiniões de autores, em sua maioria, professores atuantes na Educação Básica, em relação à forma com que os processos avaliados têm sido concebidos, analisados e postos em prática, além de apresentar discussões críticas e reflexivas quanto aos reflexos de seus resultados, não apenas para os alunos, mas para todos aqueles que fazem parte de uma comunidade escolar, de uma sociedade, de uma nação.

Tradicional e equivocadamente, os modelos avaliativos escolares têm se apresentado como uma forte imposição autoritária e obscurecida pela classificação insensível de aprovações e reprovações que, muitas das vezes, desconhecem as reais capacidades dos alunos que não conseguiram demonstrar aprendizado a partir do que, geralmente, os professores ensinam, ou seja, através de práticas avaliativas repressivas, o processo de ensino-aprendizagem tem perdido diversas oportunidades de explorar os potenciais cognitivos dos alunos e focando-se, vigorosamente, apenas na artificialidade dos resultados, em outros termos, em escalas de 0 a 10,0 ou em conceitos que vão de "*ruim*" a "ótimo" sem que haja, por trás destes, um real acompanhamento avaliativo capaz de evidenciar, ao próprio aluno, onde o mesmo deveria dedicar-se mais para obter resultados significativos de aprendizagem.

Para tanto, espera-se que os conhecimentos aqui reunidos possam somar aos conhecimentos dos leitores e que, de igual forma, possa contribuir para um empenho profissional coerente e adequado às possibilidades de ensino, com vistas à viabilização da aprendizagem por meio de concepções avaliativas embasadas às concepções de diversos autores clássicos e contemporâneos e sob o enfoco da legislação educacional vigente em nosso país.

Os autores.

1

AVALIAR. COMO ESTAR APTO A ISSO?

WDEMIRA SILVA DE AGUIAR SIQUEIRA

Neste capítulo, serão apresentadas discussões pertinentes ao campo da prática avaliativa institucional, a qual tem sido alvo de diversas pesquisas que visam expor a importância e, ao mesmo tempo, as mazelas subjacentes aos processos avaliativos, desde sua gênese na formação inicial docente a práticas avaliativas tendenciosas e insatisfatórias.

Avaliar, em seu sentido mais estrito, conforme expresso pelo dicionário Michaelis, corresponde à "estimação da qualidade de algo ou da competência de alguém" (MICHAELIS, 2021, s/p). Para Barbosa (2012, p. 2), "o termo avaliação está relacionado aos atos de julgar, de dar valor, de formular concepções a respeito de atitudes, sujeitos e objetos a partir de critérios particulares e pré-determinados".

Para tanto, em contextos educacionais, avaliar requer mais do que apenas imprimir uma concepção acerca de aspectos superficiais e estereotipados sobre um indivíduo, pois tal ação requer, por razões institucionais, de habilidades inatas dos profissionais da educação atreladas àquelas de natureza formativa, as quais possam munir o sujeito avaliador com subsídios teóricos imprescindíveis à realização de uma avaliação o mais próximo o possível dos conceitos de igualdade, integridade, imparcialidade e equidade.

Tratando-se do processo de avaliação da aprendizagem, autores contemporâneos têm defendido a ideia de avaliação enquanto o instrumento de emancipação, no entanto ainda é bastante expressiva a realização de avaliações com foco em aspectos quantitativos referentes à obtenção de notas que, por mais indissociáveis do processo avaliativo escolar brasileiro, tem tomado espaço considerável quanto à apreciação dos aspectos qualitativos de aprendizagem, gerando-se, assim, diversos debates em torno do tema e promovendo reflexões pertinentes quanto à missão de se avaliar o desempenho acadêmico e seus reflexos positivos e negativos aos estudantes.

Avaliação: teoria, prática e formação docente

Atualmente, diversos processos educacionais têm sido alvo de estudos que visam esclarecer à sociedade, e aos próprios profissionais da educação, os objetivos que fundamentam tais ações no meio escolar, sendo a avaliação da aprendizagem um dos temas mais latentes e delicados que requerem reflexões profundas e contínuas, pois, por mais presentes no cotidiano escolar, os paradigmas envoltos a uma avaliação imbuída do caráter qualificador ainda não proveio às salas de aula das escolas brasileiras (TAVARES, 2008).

Os processos de avaliação da aprendizagem fazem parte do rol de atribuições de um professor. As ações cujas quais subjazem os processos avaliativos correspondem, dubiamente, às apreciações superficialmente subjetivas e periódicas em detrimento à preocupação com uma sondagem contínua que ofereça subsídios analíticos suficientes para um resultado correspondente ao real estado de aprendizagem do estudante.

Conforme expresso por Méndez (2002):

> Avaliamos para conhecer, com o objetivo fundamental de assegurar o processo formativo dos que participam do processo educativo – principal e imediatamente de quem aprende, bem como de quem ensina. Nesse procedimento dialético, a avaliação transforma-se em atividade contínua de conhecimento. Avaliamos para conhecer quando corrigimos construtiva e solidariamente com quem aprende, não para confirmar ignorâncias, desqualificar esquecimentos, penalizar aprendizagens não-adquiridas (MÉNDEZ, 2002, p. 83).

Contudo, a formação docente ainda se torna campo de diversos impasses conceptivos, ora por apresentar lacunas quanto à apreciação teórica com vistas aos processos de avaliação da aprendizagem ora pela demasiada subjetividade exposta durante o período de formação inicial docente.

Para Barbosa (2012):

> Os egressos dos cursos de Licenciatura, muitas vezes, referem à falta de estudo e discussão durante o período de sua formação sobre a temática avaliação. A realidade é que os alunos "sofrem" avaliações (e com as avaliações) sem, no entanto aprender com elas e sobre elas. A experiência como estudante de Licenciatura e a atuação como docente tem mostrado que há uma espécie de silêncio pairando sobre a temática da avaliação da aprendizagem que urge ser

> quebrado para que iniciemos o processo de distanciamento do mal-estar que acompanha a formação dos professores, ao menos nesse aspecto (BARBOSA, 2012, p. 1).

Estar apto à avaliação da aprendizagem, em qualquer que seja a etapa de ensino, vai além da mera aquisição de saberes que, por mais imprescindíveis que sejam à formação integral do profissional da educação, necessitam estar, intimamente, atrelados à concepção de sensibilidade e contínua observação da progressão do desempenho escolar dos estudantes, os quais contam, mesmo que não expressamente, com uma avaliação justa e adequada por parte dos professores.

Tratando-se acerca da formação inicial, em nível de licenciatura, a questão da avaliação torna-se mais emergente, haja vista que formar sujeitos para a atuação no campo educacional requer dos programas de graduação o estabelecimento em suas grades de ensino, componentes curriculares que vislumbrem, teoricamente, acepções formativas prévias à realização dos estágios supervisionados, munindo os graduandos de subsídios epistemológicos suficientes para que possam exercer, temporariamente, uma experiência que os revele os princípios avaliativos institucionais e os contemplem a uma formação integral, "de forma a apontar os princípios que norteiam a prática avaliativa de professores universitários e sua intencionalidade de formação profissional a partir da avaliação" (TORRES, 2013, p. 62).

Conceitos sobre avaliação e seus reflexos

Avaliar requer do profissional da educação dedicação no que se refere à apreciação teórica acerca das concepções postuladas por autores e pesquisadores quanto às características desse processo.

Destarte, diante o rol de contribuições teóricas acerca do conceito de avaliação, destacamos aqui as palavras de Luckesi (2011) quando explana que:

> Define-se a avaliação da aprendizagem como um ato amoroso no sentido de que a avaliação, por si, é um ato acolhedor, integrativo, inclusivo. Para compreender isso, importa distinguir avaliação de julgamento. O julgamento é um ato que distingue o certo do errado, incluindo o primeiro e excluindo o segundo. A avaliação tem por base acolher uma situação, para, então e só então, ajuizar a sua qualidade, tendo em vista dar-lhe suporte de mudança, se necessário. A avaliação, como ato diagnóstico, tem por objetivo a inclusão e não a exclusão; a inclusão e não a seleção que obrigatoriamente conduz à exclusão (LUCKESI, 2011, p. 205).

O autor enfatiza a expressão emotiva como principal recurso para um professor avaliar um estudante, isto é, qualquer ação avaliativa que não permita ao professor avaliador essa concepção estará sujeita ao julgamento cujo qual o autor destaca ser um ato excludente, pois não oportuniza a ponderação necessária para se chegar a conclusões adequadas acerca de uma visão satisfatória quanto àquilo que o estudante ainda precisa ou não aprender.

Retomando o discurso referente aos reflexos das práticas avaliativas, Ramos (2018) esclarece que:

> A tomada de posição em relação às finalidades do ensino, relacionada a um modelo centrado na formação integral da pessoa, implica mudanças fundamentais, especialmente nos conteúdos e no sentido da avaliação. Quando se aborda uma avaliação atrelada com a concepção construtivista do ensino – aprendizagem, o objeto da avaliação deixa de se centrar nos resultados e se situa no processo, tanto do grupo como de cada um dos alunos. O sujeito da avaliação não se centra no aluno, como também na equipe que intervém no processo (RAMOS, 2018, p. 22).

Avaliar também significa dar rumos aos estudantes, é tratar acerca de suas habilidades e saberes constituídos ao longo do processo de aprendizagem, seja ele realizado continuamente ou periodicamente, pois as decisões cujas quais serão tomadas quanto o que realmente o estudante aprendeu requer de uma postura íntegra do profissional da educação que está à frente dessa incumbência.

Funções da avaliação escolar

A avaliação da aprendizagem promovida pelos professores não pode ser concebida como um processo embasado, única e exclusivamente, em escores de atividades e exames periódicos, tradicionalmente de natureza (des) classificatória, pois tal processo precisa estar vinculado à verificação do desempenho individual da aprendizagem (PERRENOUD, 1999), o que requer de reflexões acerca de resultados que estão além dos números.

Uler (2010) assevera que:

> Repensar a avaliação, sua prática e suas funções, é um caminho possível para dar um novo rumo ao processo pedagógico. Não se trata, portanto, de negar a prática avaliativa e muito menos retificá-la, acreditando que a avaliação por si só resolverá os sérios problemas pelos quais passa o ensino em nosso sistema educacional. Trata-se de considerá-la como elemento fundamental desse processo, que pode contribuir, por intermédio de um trabalho coerente e criterioso, para uma análise crítica sobre o desempenho dos alunos e a consequente reflexão do professor sobre o seu fazer (ULER, 2010, p. 31).

Segundo o autor, avaliar deve ser um ato natural desempenhado entre as relações de ensino-aprendizagem que deverão constatar as condições cognitivas (favoráveis e/ou contraproducentes) cujas quais os estudantes expressem mediante a apresentação e discussão de novas problemáticas pedagógicas que visem propiciar a autonomia necessária para a superação dos desafios próprios ao processo de ensino-aprendizagem e quando essa premissa não é consolidada, cabe ao processo de avaliação identificar o que, onde e como intervir e, para isso, o professor precisa estar preparado quanto às abordagens avaliativas que irá requerer mediante as diversas circunstâncias que foram desenvolvidas no processo de ensino-aprendizagem.

> Compreendendo a educação como um dos processos de transformação social, a avaliação passa a ser obrigatoriamente um processo sistemático da gênese das mudanças. Ao ser encarada dessa maneira, torna-se necessário que se faça uma clara distinção entre diversos tipos de avaliação de acordo com a função desempenhada nesse processo (ULER, 2010, p. 31).

Desta forma, ao estabelecer a avaliação como uma prática que vise à emancipação da aprendizagem, todos os professores devem seguir essa referência para que possam estabelecer um processo coerente com vistas à promoção dos princípios da igualdade e equidade necessários ao desenvolvimento das práticas de aprendizagem, de maneira síncrona, adequada e satisfatória.

Avaliação e divergências pragmáticas

A tríade paradigmática, paradoxal e pragmática da avaliação da aprendizagem é uma constante quando se trata acerca dos aspectos qualitativos da aprendizagem, principalmente por se tratar de uma ação subjetiva realizada no meio educacional pelos professores, através de critérios que cada um deles estabelece podendo tanto convergir quanto divergir entre si, gerando conflitos, tensões e imprecisões.

Hoffmann (2001) exalta que:

> O processo avaliativo não deve estar centrado no entendimento imediato pelo aluno das noções em estudo, ou no entendimento de todos em tempos equivalentes. Essencialmente, porque não há paradas ou retrocessos nos caminhos da aprendizagem. Todos os aprendizes estarão sempre evoluindo, mas em diferentes ritmos e por caminhos singulares e únicos. O olhar do professor precisará abranger a diversidade de traçados, provocando-os a prosseguir sempre (HOFFMAN, 2001, p. 47).

Conforme exposto através do excerto, o processo avaliativo da aprendizagem não pode, por natureza, se estagnar no tempo, devendo as práticas e instrumentos avaliativos atuais estar embasadas às concepções flexíveis e de flexibilidade capazes de identificar, com maior precisão, os reais pontos que precisam ser revistos e reforçados quanto ao que se refere à aprendizagem formativa.

Considerações finais

É notável a necessidade de os profissionais da educação estarem preparados para desempenharem os processos e abordagens avaliativas referentes à aprendizagem, revelando-se, ainda, a importânciado desenvolvimento de pesquisas e estudos durante a formação inicial, a qual dará sustentabilidade às futuras práticas avaliativas dos professores.

Foram discutidas tanto as concepções sobre avaliação quanto acerca da aptidão docente para se avaliar um estudante, reforçando-se a conjectura de que para se avaliar a aprendizagem, independentemente da etapa de ensino, o professor necessita saber conciliar teoria e prática mediadas pela sensibilidade de suas apreciações e decisões.

Avaliar distingue-se de examinar por distintas formas. Enquanto examinar centra-se no julgamento superficial acerca da aprendizagem de elementos que possam ser definidos enquanto 'certos' e 'errados', avaliar requer uma análise mais profunda, capaz de identificar dificuldades que estejam obstruindo a aquisição da aprendizagem, podendo-se evidenciar dificuldades de aprendizagem de natureza cognitiva ou, até mesmo, psicológicas, além de outras referentes às condições biológicas dos estudantes, mas, tudo isso dependerá do quão comprometido e aguçado o processo de avaliação esteja sendo desenvolvido pelo professor.

Referências

BARBOSA, Flávia Renata Pinto. **Avaliação da aprendizagem na formação de professores:** estão os futuros professores preparados para avaliar? IX Seminário ANPED SUL, Caxias do Sul/RS, 2012.

HOFFMANN, Jussara. **Avaliar para promover:** as setas do caminho. Porto Alegre: Mediação, 2001.

LUCKESI, Cipriano Carlos. **Avaliação da aprendizagem escolar:** estudos e proposições. 22. ed. São Paulo: Cortez Editora, 2011.

MÉNDEZ, Juan Manuel Álvarez. **Avaliar para conhecer, examinar para excluir.** Porto Alegre: Artmed, 2002.

MICHAELIS, Dicionário de Português. **Avaliação** (2021). Disponível em: https://michaelis.uol.com.br/moderno-portugues/busca/portugues-brasileiro/avalia%C3%A7%C3%A3o/. Acesso em: 5 jan. 2021.

PERRENOUD, Phillippe. **Avaliação:** da excelência à regulação das aprendizagens, entre duas lógicas. Porto Alegre: Artmed, 1999.

RAMOS, Ribamar Alves. **Avaliação da aprendizagem:** uma proposta emergente para o ensino-aprendizagem de Biologia. 2018. 215f. Dissertação (Mestrado em Ensino de Ciências e Matemática) - Programa de Pós-Graduação em Ensino de Ciências e Matemática, Universidade Federal do Amazonas, Manaus, 2018.

TAVARES, Cristina Zukowsky. **Formação em avaliação:** a formação de docentes no enfrentamento de um processo de avaliação a serviço da aprendizagem. 2008. 246f. Tese (Doutorado em Educação) - Pontifícia Universidade Católica de São Paulo, São Paulo, 2008.

TORRES, Denise Xavier. **Concepções de avaliação da aprendizagem de professoras que atuam em escolas situadas em áreas rurais.** 2013. 248f. Dissertação (Mestrado em Educação) - Centro de Educação, Universidade Federal de Pernambuco, Recife, 2013.

ULER, Arnilde Marta. **Avaliação da aprendizagem:** um estudo sobre a produção acadêmica dos programas de pós-graduação em educação (PUCSP, USP, UNICAMP) (2000 - 2007). 2010. 238f. Tese (Doutorado em Educação) - Pontifícia Universidade Católica de São Paulo, São Paulo, 2010.

2

AVALIAÇÃO DA APRENDIZAGEM NA EDUCAÇÃO INFANTIL:

ALTERNATIVA OU NECESSIDADE À PRÁTICA PEDAGÓGICA?

LUCIANO DOS SANTOS
SÔNIA MARIA DE LIMA
ELISAMA DA SILVA ARAÚJO
RAYSSA BRUNA GOMES TEMOTEO
MARINA GOMES SILVA GUEDES

O propósito central deste capítulo é trazer um debate acerca dos aspectos avaliativos no contexto da Educação Infantil. Ao longo das últimas décadas, diversas pesquisas e estudos têm sido postulados acerca da temática avaliação cuja qual também nos conduziu à apreciação dos aspectos relacionados às contribuições do processo de avaliação da aprendizagem de crianças de 0 a 5 anos, a partir de distintas perspectivas teóricas.

Debater acerca da avaliação do desempenho e da aprendizagem na Educação Infantil, bem como buscar por novas concepções acerca da temática, corresponde à emergente necessidade de atualizar-se frente às mudanças sociais, normativas e legais que embasam essa prática, com vistas tanto à implementação da prática pedagógica quanto do próprio processo de avaliação, sendo uma das suas funções, auxiliar o processo de ensino-aprendizagem, adequando práticas às necessidades educativas.

É de suma importância que o (a) professor (a) busque, constantemente, por novas contribuições teóricas capazes de orientá-lo, principalmente, através da revelação de contrastes entre suas práticas atuais com as prescritas em documentos oficiais, como, diretrizes, normas e outros. Faz-se necessário, ainda, que o (a) professor (a) seja receptivo às novas perspectivas acerca dos processos avaliativos na Educação Infantil em prol do avanço de seu autoconhecimento, ao desenvolvimento de senso crítico, à humildade para reconhecer suas falhas e atento às iniciativas que visem propor uma prática avaliadora cada vez melhor.

Avaliação na educação infantil: entre normas e direitos

Com o passar dos anos, a instituição escolar presenciou inúmeras adaptações quanto ao que se refere, especificamente, às práticas de abordagens avaliativas na Educação Infantil, bem como em todas as demais etapas, da educação básica à superior.

A legislação brasileira que trata e discorre acerca de processos avaliativos, especialmente, na Educação Infantil é bastante vasta, no entanto, cabe destacar aqui um dos mais expressivos à educação como as contribuições, por exemplo, das Diretrizes Curriculares Nacionais para a Educação Infantil (DCNEI's), de 2009, os Referenciais Curriculares Nacionais para a Educação Infantil (RCNEI's), de 1998, e a Lei de Diretrizes e Bases da Educação Nacional (LDB), de 1996 e suas alterações.

Na tentativa de se uniformizar os processos avaliativos e diminuir, assim, as injustiças que eram cometidas pelos professores, os quais seguiam, durante séculos, princípios educacionais baseados em suas próprias concepções de aprendizagem, portanto, surgiram no cenário educacional pressupostos teóricos com força de lei para que pudessem ser aplicados e disseminados por todo país que, mormente, buscaram preservar a qualidade do processo de ensino-aprendizagem e ao que confere às DCNEI's (2009), estabeleceu-se no sistema educacional do país o discurso a seguir.

> A Educação Infantil, primeira etapa da Educação Básica, é oferecida em creches e pré-escolas, as quais se caracterizam como espaços institucionais não domésticos que constituem estabelecimentos educacionais públicos ou privados que educam e cuidam de crianças de 0 a 5 anos de idade no período diurno, em jornada integral ou parcial, regulados e supervisionados por órgão competente do sistema de ensino e submetidos a controle social (BRASIL, 2009, Art.5°).

Fundamentadas pelos RCNEI's (1998), as DCNEI's buscaram definir e estabilizar práticas de ensino que eram divergentes e aleatórias na Educação Infantil em diversos espaços e instituições de ensino do país.

Sob o prisma dos processos avaliativos na Educação Infantil, os RCNEI's estabeleciam que:

> A observação e o registro se constituem nos principais instrumentos de que o professor dispõe para apoiar sua prática. Por meio deles o professor pode registrar, contextualmente, os processos de aprendizagem das crianças; a qualidade das interações estabelecidas com outras crianças, funcionários e com o professor e acompanhar os processos de desenvolvimento obtendo informações sobre as experiências das crianças na instituição. Esta observação e seu registro fornecem aos professores uma visão integral das crianças ao mesmo tempo em que revelam suas particularidades. São várias as maneiras pelas quais a observação pode ser

> registrada pelos professores. A escrita é, sem dúvida, a mais comum e acessível. O registro diário de suas observações, impressões, ideias etc. pode compor um rico material de reflexão e ajuda para o planejamento educativo. Outras formas de registro também, podem ser consideradas, como a gravação em áudio e vídeo; produções das crianças ao longo do tempo; fotografias etc. (BRASIL, 1998, p. 58).

Baseados nos princípios da Lei de Diretrizes e Bases da Educação Nacional (LDB/96), os RCNEI's pautaram-se nos argumentos dispostos no Art. 31, da referida Lei, o qual asseverava que "Art. 31. Na educação infantil a avaliação far-se-á mediante acompanhamento e registro do seu desenvolvimento, sem o objetivo de promoção, mesmo para o acesso ao ensino fundamental" (BRASIL, 1996, s/p). No entanto, a partir da redação dada pela Lei nº 12.796, de 2013, estabeleceu-se a necessidade de "I - avaliação mediante acompanhamento e registro do desenvolvimento das crianças, sem o objetivo de promoção, mesmo para o acesso ao ensino fundamental;" (BRASIL, 2013, s/p).

A cronologia apresentada aponta para o aprimoramento das concepções acerca do processo avaliativo na Educação Infantil, destacando-se, cada vez mais, a importância da qualidade das ações de modo que seja possível avaliar de maneira proativa, reflexiva e adequada, ação esta que, por anos, fora tratada como decisão absoluta por parte daquele que exercia o magistério com extremo grau de autoritarismo e inflexibilidade.

Avaliação como instrumento de acompanhamento da aprendizagem

Ao reconhecer o potencial da avaliação como uma proposta de implementação do processo de ensino-aprendizagem e não como ação decisória, os professores assumem uma nova postura mediante os reflexos dessa prática, principalmente, diante das consequências de seus resultados sobre o desempenho dos alunos, haja vista que uma ação avaliativa que vise apenas identificar progressos, estagnações e/ou retrocessos na aprendizagem não contribuirá, mediante os atuais parâmetros educacionais, para que o aluno avance no sentido mais estrito de suas habilidades cognitivas, mas, pelo contrário, poderá contribuir no retraimento destas em sala de aula.

Sobre os processos de avaliação na Educação Infantil, Pontes e Pessoa (2014) destacam que:

> Na educação infantil, a avaliação precisa ser observada cuidadosamente pelos profissionais, para que não ocorram práticas inadequadas de avaliação como: provas atreladas a notas e/ou conceito estereotipados, fichas de avaliação; instrumentos que têm como objetivo classificar a criança em "capaz ou incapaz", em vez de revelar a sua trajetória de desenvolvimento e aprendizagem. É

> necessário evitar esses modelos classificatórios que nem sempre contribuem para o desenvolvimento da criança. É importante que as atividades façam a criança pensar, refletir, buscar informações, trabalhar individualmente e em grupos, estabelecer relações com o meio em que vive e com as experiências de aprendizagem (PONTES; PESSOA, 2014, p. 24).

Através das palavras das autoras supracitadas, nota-se o grau de relevância ao se promover abordagens avaliativas que não visem escores definitivos, mas, sim, uma avaliação minuciosa que identifique onde a criança em processo de aprendizagem possa estar sentindo maior dificuldade, obstruindo-se, assim, seu avanço aos próximos níveis de desafio cognitivo.

Em conformidade à preocupação com as práticas avaliativas inadequadas na Educação Infantil, Pacífico *et al.*, (2017) exaltam que:

> [...] é preciso atenção, pois a avaliação na Educação Infantil passa pela verificação das possibilidades de desenvolvimento e de aprendizagens que o professor oferece para seus alunos, com intuito de aperfeiçoar suas práticas, acompanhar os avanços e auxiliá-los em suas construções e criações. Portanto, nessa primeira etapa da Educação Básica, o professor não avalia com o sentido de promoção e nem mesmo o de preparar seus alunos para o Ensino Fundamental. A avaliação se dá a partir das situações vivenciadas pelo aluno, sendo organizadas

> na forma de observação e registro pelo professor (PACÍFICO *et al.*, 2017, p. 376).

Conforme visto, a avaliação também serve para que o professor possa identificar onde também precisa aprimorar, em relação à sua prática de ensino, sendo as dificuldades de aprendizagem constatadas, indícios tanto da necessidade de intervenção especializada para o desenvolvimento das habilidades da criança, bem como indicações de uma prática de ensino que possa não estar sendo coerente com a forma de aprendizagem dos alunos.

Pontes e Pessoa (2014) ainda explanam que:

> O ato de avaliar não é uma forma padrão, pois cada criança precisa ser avaliada de maneira individual, de acordo com suas competências, evoluções e dificuldades. Este instrumento educacional pode informar o desenvolvimento atual da criança, a forma como ela enfrenta determinadas situações de aprendizagem, conhecer o que ela é capaz de fazer, mesmo que com a mediação de outros, e permite a elaboração de estratégias de ensino próprias e adequadas a cada criança em particular (PONTES; PESSOA, 2014, p. 25).

Assim, uma boa proposta de avaliação precisa estar imbuída de elementos capazes de instigarem o desencadeamento de novas abordagens de ensino, a partir de seus resultados, bem como estratégias e metodologias alternativas que corroborem o avanço do processo de ensino-aprendizagem de forma adequada e que contemple todos os segmentos do processo educacional.

Avaliação como instrumento de desenvolvimento da prática pedagógica

A partir das concepções apresentadas, anteriormente, observa-se grande preocupação quanto à necessidade de se promover avaliações adequadas aos alunos da Educação Infantil, porém, é de igual importância que tais propostas sejam capazes de expressar, fielmente, elementos subjacentes às características e personalidade do professor, indicando seu grau de proficiência no campo avaliativo e seu grau de discernimento entre todos os seus componentes, ou seja, a avaliação precisa representar um retrato da prática docente, frente ao acompanhamento e identificação de práticas de ensino que necessitam de ajustes e adequações pertinentes.

Através das concepções de Bassedas *et al.*, (1999 *apud* PACÍFICO et al., 2017), observamos que:

> Avaliar na Educação Infantil não é tarefa fácil, pois toda criança tem a sua singularidade e se desenvolve em seu tempo, "assim, a avaliação deve servir basicamente para intervir, modificar e melhorar a nossa prática, a evolução e a aprendizagem dos

> alunos" (BASSEDAS *et al.*, 1999 *apud* PACÍFICO *et al.*, 2017, p. 382).

Deste modo, não se deve eleger apenas uma proposta avaliativa como molde para que os alunos se encaixem, mas que tal proposta seja realizada de maneira condizente às características de desempenho de cada aluno, favorecendo seus pontos fortes e evidenciando aqueles que necessitam de atenção.

> Assim sendo, a avaliação sobre o desenvolvimento e aprendizagem da criança pode ser um instrumento capaz de fundamentar a prática pedagógica, resgatando a possibilidade de determinados educandos que, independentemente de suas condições, têm direito às mesmas oportunidades. Entendemos que cada criança é parâmetro de si mesma, por isso, quando estamos avaliando não podemos fazer comparações e sim dar ênfase aos progressos individuais (PONTES; PESSOA, 2014, p. 25).

Promover a igualdade entre os processos avaliativos requer considerável esforço do professor para pôr em prática, assim, uma docência condizente com as reais necessidades de aprendizagem dos alunos, o que também requer do professor conhecimentos pertinentes necessários para o desenvolvimento dessa conjuntura de processos os quais dependem, essencialmente, da humildade do professor em decidir oportunizar novas práticas pedagógicas.

Desta forma, a organização das propostas avaliativas na Educação Infantil deve buscar revelar ao professor tanto as dificuldades dos alunos, a serem superadas, quanto o aperfeiçoamento da prática de ensino, reciprocamente.

A observação e o registro: importantes instrumentos de avaliação na educação infantil

Luckesi (2014, p. 34) aponta que os instrumentos de avaliação são "[...] recursos metodológicos por meio dos quais o ato de avaliar opera em todos os seus passos". Enquanto elementos indissociáveis do processo avaliativo, na Educação Infantil, a observação e o registro são fundamentais para que os professores possam acompanhar o desempenho de seus alunos, de modo a evidenciar, com maior clareza, as lacunas do processo de ensino-aprendizagem promovido em determinado período.

Para Libâneo (1998; HOFFMANN, 2009 *apud* SOUZA *et al.*, 2014), a organização é concebida como:

> [...] um modo organizado pelo qual o professor conhece cada aluno de forma individual e o grupo de forma geral e percebe os acontecimentos em sua espontaneidade. É na observação que o professor faz o diagnóstico da turma, avalia o comportamento individual dos alunos, identifica suas necessidades e habilidades e adota essa investigação

> como base para os futuros planejamentos, enquanto que para, a observação só se constitui um instrumento de avaliação se o professor fizer registro dela. A observação é uma ação do professor, parte natural do processo e que é necessário transformar essa observação em um registro (LIBÂNEO, 1998; HOFFMANN, 2009 *apud* SOUZA *et al.*, 2014, p. 35).

Destarte, será através da observação que o professor da Educação Infantil terá subsídios para a formulação de seus planejamentos de maneira adequada e condizente com aquilo que fora observado. A observação, atrelada às estratégias de ensino, será capaz de promover mudanças significativas quanto ao estímulo e desenvolvimento das habilidades cognitivas dos alunos, os quais terão a chance de superar suas dificuldades de aprendizagem por meio de alternativas identificadas pelo professor como propícia a esta finalidade.

Souza *et al.*, (2014) esclarece que:

> A avaliação na educação infantil deve ser vista com um olhar sensível, capaz de proporcionar aos professores elementos que os levem a conhecer e compreender as crianças, suas características pessoais e grupais, suas emoções, reações, desejos, interesses, opiniões, sua forma de ver o mundo e agir sobre ele. Os procedimentos para a avaliação do desenvolvimento da criança tornam-se eficazes quando partem do ato de observar seu cotidiano, em como se relacionam com o

> ambiente, nas brincadeiras livres ou dirigidas, nos momentos de interação com e sem a intervenção dos adultos, com a natureza e com os objetos do conhecimento (SOUZA *et al.*, 2014, p. 35).

Assim, a avaliação na Educação Infantil se expressa como uma ação de extrema relevância, pois ela deve oportunizar que o professor vislumbre articulações que possam conectar as habilidades dos alunos com os desafios de aprendizagem, observando-se, ainda, seus desempenhos, êxitos, equívocos e inseguranças.

Segundo Hoffmann (2011 *apud* SOUZA *et al.*, 2014), os registros e apontamentos realizados pelo professor da Educação Infantil são:

> [...] fundamentais para o acompanhamento do processo de desenvolvimento da criança, promove a interpretação de sua realidade e construção do seu conhecimento, é por meio deles que o professor terá subsídios para dar continuidade ao trabalho pedagógico, tornando-o uma prática pensada e organizada. Ao registrar o seu trabalho e os trabalhos das crianças o professor estabelece um diálogo entre as suas práticas, avalia assim não só como os alunos se desenvolvem, mas igualmente como os ensina. É também muito importante que os registros sejam compartilhados entre os demais professores em reuniões, com as crianças e com as famílias. Os registros são dados históricos vivenciados pelo educando é por meio deles que o educador acompanha

> os diferentes momentos de aprendizagem do aluno, é um recurso de memória, um "exercício de prestar a atenção ao processo" (HOFFMANN, 2011 *apud* SOUZA *et al.*, 2014, p. 38).

O registro de desempenho dos alunos, atrelados aos da execução de atividades educacionais, atribui maior consistência à formulação de futuras atividades pedagógicas, pois o professor terá à sua disposição dados fidedignos que não poderiam ser mais precisos se partissem da ação de outrem, conferindo à ação do registro uma ação imprescindível ao processo avaliativo.

Considerações finais

Promover um processo avaliativo de qualidade e de acordo com as determinações normativas que regem a legislação brasileira está ao alcance de todos os professores, desde que se permitam ao contínuo processo de formação que os possibilite o acesso a novos conhecimentos imbuídos de orientações, experiências e revelações pertinentes ao campo do processo de ensino-aprendizagem, especialmente, referentes à avaliação da aprendizagem na Educação Infantil.

A Educação Infantil, por representar a primeira etapa de ensino formativo da criança, precisa ser reconhecida como um processo de contínua promoção de estímulos individuais e coletivos em todas as suas atividades. Desta forma, promover um processo avaliativo na etapa da educação Infantil irá requerer muito da subjetividade apreciativa dos professores, os quais devem conhecer, a princípio, os elementos teóricos que dizem respeito ao campo da inerência, bem como seu desenvolvimento, manifestações, tendências e aspectos avaliativos que precisarão estar presentes nos primeiros anos escolares das crianças.

Referências

BASSEDAS, E. [*et al.*]. **Aprender e ensinar na educação infantil.** Porto Alegre: Artmed, 1999.

BRASIL. Lei nº 12.796, de 4 de abril de 2013. **Altera a Lei nº 9.394, de 20 de dezembro de 1996, que estabelece as diretrizes e bases da educação nacional, para dispor sobre a formação dos profissionais da educação e dar outras providências.** Disponível em: http://www.planalto.gov.br/ccivil_03/_Ato2011-2014/2013/Lei/L12796.htm#art1. Acesso em: 15 jan. 2021.

BRASIL. Lei nº 9.394, de 20 de dezembro de 1996. **Estabelece as diretrizes e bases da educação nacional.** Disponível em: http://www.planalto.gov.br/ccivil_03/leis/l9394.htm. Acesso em: 8 jan. 2021.

BRASIL. Ministério da Educação e do Desporto. Secretaria de Educação Fundamental. **Referencial curricular nacional para a educação infantil** / Ministério da Educação e do Desporto, Secretaria de Educação Fundamental. – Brasília: MEC/SEF, 1998.

BRASIL. Resolução CNE/CEB nº 5, de 17 de dezembro de 2009. **Fixa as Diretrizes Curriculares Nacionais para a Educação Infantil.** Disponível em: http://www.crmariocovas.sp.gov.br/Downloads/ccs/concurso_2013/PDFs/resol_federal_5_09.pdf. Acesso em: 4 jan. 2021.

HOFFMAM, Jussara. **Avaliação mediadora:** uma prática em construção da pré-escola à universidade. Porto Alegre: Mediação, 2009.

LIBÂNEO, José Carlos. **Didática**. São Paulo: Cortez, 1998.

LUCKESI, Cipriano Carlos. **Avaliação da aprendizagem escolar.** São Paulo: Cortez, 2009.

PACÍFICO, Juracy Machado [*et. al.*]. **Avaliação na educação infantil:** acompanhamento e instrumentos de registros. Revista Exitus, Santarém/PA, v. 7, n. 1, p. 374-400, Set/Dez 2017.

PONTES, Elizabete Guimarães; PESSOA, Raquel Maynart Lucena. **A importância da avaliação do desenvolvimento da criança na educação infantil.** 2014. 57f. Monografia (Graduação em Pedagogia) - Centro de Educação, Universidade Federal da Paraíba, João Pessoa, 2014.

SOUZA, Francimeire Luiz Aparício de. [*et al.*]. **Os instrumentos de avaliação na educação infantil.** 2014. 66f. Monografia (Graduação em Pedagogia) - Faculdade Multivix Serra, Serra, 2014.

3

AVALIAÇÃO NA EDUCAÇÃO INFANTIL:

ANÁLISE E INTERVENÇÃO PEDAGÓGICA

LUCIANO DOS SANTOS
SÔNIA MARIA DE LIMA
RICARDO JOSÉ DA SILVA
SUELY DE LEMOS ALVES OLIVEIRA
MANASSÉS DUARTE DE SOUZA

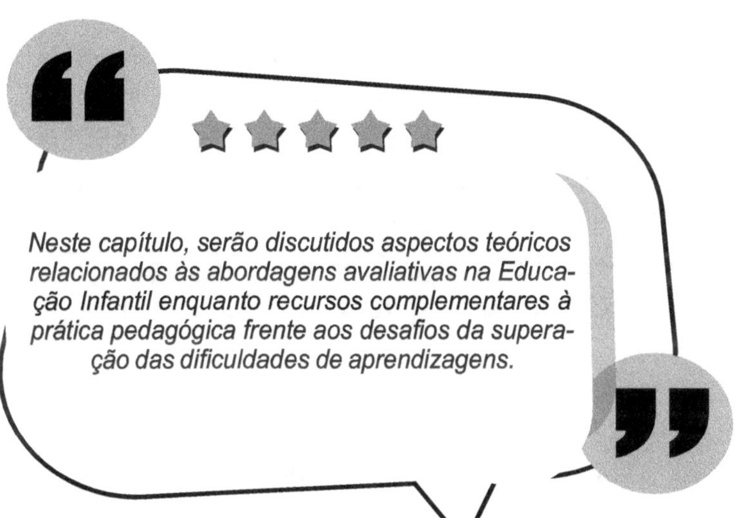

A trajetória da Educação Infantil, enquanto etapa inicial da Educação Básica, é relativamente recente (BRASIL, 1996). Após décadas sem uma organização estrutural uniforme, após a homologação da Lei de Diretrizes e Bases da Educação Nacional (LDB), esse cenário é significativamente transformado, passando a Educação Infantil a receber tratamento igualitário quanto às demais etapas da educação, munindo-a de subsídios teóricos, cada vez mais, preocupados com a disposição de mecanismos educacionais adequados às faixas etárias dos alunos e às suas possibilidades de aprendizagem.

Tais avanços reconfiguraram os meios pelos quais os professores da Educação Infantil traçariam suas propostas de ensino, pois, a partir de uma nova roupagem, a Educação Infantil foi, teoricamente, fortalecida com contribuições epistemológicas complementares e, nesse processo, adquiriu expressões singulares e inovadoras, especialmente, quanto ao que se refere à avaliação.

A avaliação na Educação Infantil é uma temática que gera constantes conflitos conceptivos, pois se trata de uma ação pedagógica ainda enraizada em práticas, muitas das quais, desprovidas de insumos teóricos adequados, cujas quais expressam reflexos defasados referentes a políticas públicas insatisfatórias, abordagens de ensino obsoletas, autoritarismo e outros percalços existentes meio aos processos educacionais na Educação Infantil.

Tem-se, assim, um cenário marcado pelo paradoxo entre avanços e estagnações educacionais, especialmente, relativo à emancipação da Educação Infantil frente aos desafios de se atualizarem práticas avaliativas condizentes e adequadas às novas concepções acerca do processo de ensino-aprendizagem.

Abordagens avaliativas na Educação Infantil sob as premissas normativas da legislação brasileira

As Diretrizes Curriculares Nacionais Gerais da Educação Básica (DCN's) (BRASIL, 2010), em complementação aos argumentos dispostos na LDB/96, trazem em seu Art. 10, a seguinte redação:

> Art. 10. As Instituições de Educação Infantil devem criar procedimentos para acompanhamento do trabalho pedagógico e para a **avaliação do desenvolvimento das crianças**, sem objetivo de seleção, promoção ou classificação, garantindo:
>
> I - a **observação crítica e criativa das atividades**, das brincadeiras e interações das crianças no cotidiano;

II - **utilização de múltiplos registros** realizados por adultos e crianças (relatórios, fotografias, desenhos, álbuns etc.);

III - a continuidade dos processos de aprendizagens por meio da **criação de estratégias** adequadas aos diferentes momentos de transição vividos pela criança (transição casa/ instituição de Educação Infantil, transições no interior da instituição, transição creche/ pré-escola e transição pré-escola/Ensino Fundamental);

IV - **documentação específica** que permita às famílias conhecer o trabalho da instituição junto às crianças e os processos de desenvolvimento e aprendizagem da criança na Educação Infantil;

V - a **não retenção das crianças na Educação Infantil** (BRASIL, 2013, p.100)[1].

Diante do exposto, compreende-se que a legislação busca estabelecer na Educação Infantil um espaço favorável aos processos avaliativos através de múltiplos ângulos e não através de uma visão unilateral que exclua outras possibilidades de se compreender as diferentes formas que a aprendizagem pode acontecer nas crianças.

Na tentativa de se realizar um trabalho pedagógico coerente com o previsto em lei, o professor da

---

2 Grifo nosso.

Educação Infantil precisa dedicar-se à ampliação de seus conhecimentos, seja através de formação continuada, aprofundamento teórico etc., e não se limitar a 'cumprir' as decisões de cima para baixo sem um posicionamento crítico quanto ao que fora estabelecido.

Avaliação e juízo de valor na Educação Infantil

A coerência e adequabilidade nem sempre estão presentes nos processos avaliativos da Educação Infantil, sendo estes, alvos de diversas discussões que possuem o propósito de identificar incongruências e, a partir disso, promover o estabelecimento de princípios norteadores de uma prática avaliativa proativa e assertiva.

De acordo com Luckesi (1994 *apud* COLASANTO, 2014, p.56) "na avaliação escolar, o julgamento nem sempre é subjetivo. Na escola, o juízo de valor depende da finalidade a que se destina o objeto a ser avaliado". Assim, a inferência de juízos de valores deve partir de concepções formuladas, principalmente, a partir de estudos na área, evitando-se imprecisões e desigualdades de critérios ao se propor determinados tipos de avaliação na Educação Infantil.

> **Na educação infantil**, embora **não se constitua em nota** ou **conceito final**, **a avaliação pode se materializar em diversos instrumentos**, a partir dos quais se

pontuam julgamentos de valor. São eles:

2 Grifo nosso.

> perfis individuais (que visam os aspectos comportamentais), fichas de avaliação, relatórios individuais descritivos, portfólios com fotos das crianças realizando as atividades, com carimbos de "incentivo": *continue assim, parabéns, você consegue*, etc. Há, também, a avaliação emitida pelo professor sobre as tarefas realizadas pelas crianças, na qual são utilizados conceitos como: "*Bom*", "Ótimo", "*Precisa melhorar*", "*continue assim*", etc. (COLASANTO, 2014, p. 56)[2].

Para tanto, a subjetividade avaliativa presente no cotidiano da Educação Infantil também faz parte de um processo avaliativo contínuo, ou seja, ela precisa ser levada em conta quanto à formulação de pareceres de desempenhos dos alunos e não ser ignorada, haja vista que a aprendizagem e seus desafios se constituem na vivência das relações diárias e que não podem ser medidas por meio de uma ou outra atividade, mas, sim, do conjunto delas.

Processos avaliativos na Educação Infantil

O universo de abordagens e de possibilidades avaliativas dispostas aos professores da Educação Infantil é amplo, interdisciplinar e significativo, mas apenas será favorável à prática pedagógica a depender do grau de proficiência, destreza e criatividade do professor.

Todavia, é possível destacar aqui algumas das principais abordagens avaliativas na Educação Infantil e suas contribuições, conforme apontadas e explanadas a seguir.

Observação e registro

Observar e registrar são ações praxes da rotina de professores da Educação Infantil, no entanto, nem sempre tais apontamentos são realizados de maneira proativa, isto é, com o intuito de revelar ao professor elementos que precisam de sua própria intervenção, em prol do aprimoramento de suas práticas e, consequentemente, na viabilização da aprendizagem discente, compreendendo-se que "A observação e o registro escrito funcionam como procedimentos que auxiliam o planejamento e a avaliação" (COLASANTO, 2014, p. 52).

Desta forma, faz-se de suma importância que os professores da Educação Infantil elenquem aspectos imprescindíveis a serem observados e transcritos em seus formulários, como, por exemplo, pontos cruciais ao desenvolvimento de novas abordagens de ensino/avaliação, principalmente, referentes:

- *As características do aluno;*
- *Sua participação nas atividades;*
- *Seu grau de autonomia;*

2 Grifo nosso.

- *Suas habilidades e dificuldades;*
- *Seu comportamento nas aulas;*
- *Como se relaciona com colegas e professores;*
- *Como reage a conquistas e fracassos;*
- *Como lida com conflitos e adversidades;*
- *Quais são seus avanços* (AIX, 2018, s/p).

Diante desses elementos, os registros poderão ser realizados de maneira referencial e se tornarem, ao mesmo tempo, referência para uma prática pedagógica em consonância, mormente, às demandas de aprendizagem vivenciadas no cotidiano escolar. Tratando-se, portanto, de um processo avaliativo estruturado, adequado e proporcional.

Diálogo com os alunos

Até então, percebe-se o grau da avaliação por meio do registro óptico e gráfico, no entanto, avaliar não se presume apenas a anotações, por mais que necessárias, mas, também ao estabelecimento de conversações com os alunos, pois "A avaliação na Educação Infantil não está restrita ao uso da linguagem escrita, mas também está presente nas interações e nos diálogos" (PINTO, 2019, p. 63).

Avaliar, portanto, corresponde a um conjunto de práticas que, metaforicamente, correspondem a um quebra-cabeça cujo qual o professor estabelece práticas de ensino e as demais peças são representadas por todos os reflexos dessa ação sobre o processo de ensino-aprendizagem, isto é, os avanços dos alunos, suas dúvidas, as resoluções, as dificuldades de aprendizagem pertinentes, as contribuições da família, dentre outras manifestações que estejam relacionadas à prática escolar.

Relatórios e portfólios

Atrelados aos registros gráficos e memoráveis, outros recursos que os professores podem lançar mão em seus processos avaliativos na Educação Infantil confere à resolução de relatórios previamente estruturados, haja vista que "Os relatórios de avaliação alcançam seu significado primeiro, à medida que ultrapassam a função burocrática para, expressar com objetividade e riqueza, o caminhar de alunos e professores no processo educativo" (JUSTINO, 2012, p. 10).

Nesse sentido, os relatórios apresentam o dualismo conceptivo, isto é, podendo ser utilizados, antiquadamente, como registro inativo ou vivo e suscetível a eventuais adaptações, favorecendo o processo de ensino-aprendizagem de maneira visionária.

No que se refere ao portfólio, este, por sua parte, corresponde à reunião de atividades pedagógicas registradas por meio de fotografias dispostas, cronologicamente, sob um determinado período de tempo, destacando-se que "O portfólio não é um produto final, mas algo que acompanha a criança, e, que sua aprendizagem pode também ser evidenciada na construção do documento" (OLIVEIRA; RAIZER, 2011, p. 1278), ou seja, a produção do portfólio precisa estar acessível às crianças para que as mesmas possam desenvolver, mesmo que de maneira inconsciente, suas perspectivas de progressão em seus rendimentos escolares.

Avaliação na Educação Infantil sob o enfoque cognitivista

Avaliar também não está relacionado à dedicação exclusiva do professor, em determinado período de tempo, haja vista que esta ação precisa estar presente e vinculada às práticas de ensino constantemente, ou seja, a avaliação de desempenho requer um olhar apurado do professor quanto as ações das crianças e mediante suas propostas pedagógicas tais como brincadeiras, canções, desenhos, narrativas, dentre outras, correspondendo assim, a sua atenção sobre as expressões de aprendizagem dos alunos, caracterizando-se como avaliação cognitivista. Além do mais, "A avaliação pela abordagem cognitivista implica verificar o rendimento escolar das crianças através de suas produções espontâneas" (MIZUKAMI, 1986 *apud* COLASANTO, 2007, p. 20).

Desta forma, avaliar não se limita à tangibilidade de registros, mas, também, à análise crítica e reflexiva do professor quanto ao desempenho dos alunos, durante todo o processo de ensino-aprendizagem.

Avaliações antiquadas na Educação Infantil: "papel em branco" ou "práticas obscuras"?

É imprescindível destacar que avaliar na Educação Infantil não é uma missão simples, pois se requer o máximo desempenho e responsabilidade do professor para proceder de maneira propícia à satisfação dos resultados e diante dessa conjuntura de articulações, alguns professores podem expressar certo grau de dificuldade diante dessa tarefa, ocasionando-se, assim, expressões contraproducentes, como, por exemplo, a realização de avaliações estritas, reducionistas e que não são capazes de evidenciar os pontos fortes e frágeis do processo de ensino aprendizagem. Em outras palavras, não conseguindo sair de suas "zonas de conforto", requerendo-se, desta forma, de estímulos, principalmente, por parte da gestão escolar para que tal circunstância possa ser transformada, pois os alunos vêm à escola com muito a contribuir e não podem ser desprovidos desse direito.

Para Vygotsky (1998 *apud* CAMPOS, 2017, p. 3) "o aprendizado das crianças começa muito antes de elas iniciarem a vida escolar, desse modo o aprendizado escolar introduz elementos especificamente novos ao aprendizado pré-escolar", desta forma, a avaliação na Educação Infantil não pode ser concebida como um processo pronto e acabado, em que o professor apenas executará, mecanicamente, ações tidas como avaliativas, sem que haja reflexões quanto às suas práticas, de forma abrangente.

Considerações finais

Após um breve resgate das contribuições teóricas e legais, acerca dos processos avaliativos na Educação Infantil, evidenciaram-se tanto características favoráveis a abordagens avaliativas quanto implicações referentes à resistência docente quanto à prática educacional em conformidade às determinações normativas e diretivas do processo avaliativo com crianças.

Com base nos pressupostos teóricos destacados neste capítulo, observou-se a importância de uma prática pedagógica atrelada à contínua necessidade de atualização conceitual referente às abordagens avaliativas na Educação Infantil. Para tanto, buscou-se apontar alguns dos elementos mais expressivos e latentes do processo avaliativo na Educação Infantil, como evidenciar suas características e reflexos para um trabalho educacional conciso e comprometido com o êxito do processo de ensino-aprendizagem.

Diante desta discussão, apresentaram-se concepções pertinentes à avaliação na Educação Infantil, a partir de múltiplas perspectivas, oportunizando-se, assim, possibilidades de esclarecimento de determinados aspectos do processo avaliativo em uma das etapas mais decisivas da Educação Básica, quanto ao que se refere ao desenvolvimento satisfatório das posteriores.

Referências

AIX, Sistemas. **Processo de avaliação na educação infantil:** entenda mais! (2018). Disponível em: https://educacaoinfantil.aix.com.br/processo-de-avaliacao-na-educacao-infantil/. Acesso em: 22 jan. 2021.

BRASIL. Lei nº 9.394, de 20 de dezembro de 1996. **Estabelece as diretrizes e bases da educação nacional.** Disponível em: http://www.planalto.gov.br/ccivil_03/leis/l9394.htm. Acesso em: 14 jan. 2021.

BRASIL. Ministério da Educação. Secretaria de Educação Básica. Secretaria de Educação Continuada, Alfabetização, Diversidade e Inclusão. Secretaria de Educação Profissional e Tecnológica. Conselho Nacional da Educação. Câmara Nacional de Educação Básica. **Diretrizes Curriculares Nacionais Gerais da Educação Básica** / Ministério da Educação. Secretaria de Educação Básica. Diretoria de Currículos e Educação Integral. Brasília: MEC, SEB, DICEI, 2013.

CAMPOS, Juliana Aparecida de. **Avaliação na educação infantil:** infância preservada. Revista Científica Eletrônica de Ciências Aplicadas da FAIT, 2017. Disponível em: http://fait.revista.inf.br/imagens_arquivos/arquivos_destaque/r5ntcKjNc-J9N6aM_2017-1-21-10-42-37.pdf. Acesso em: 22 jan. 2021.

COLASANTO, Cristina Aparecida. **A linguagem dos relatórios:** uma proposta de avaliação para a Educação Infantil. 2007. 137f. Dissertação (Mestrado em Linguística Aplicada e Estudos da Linguagem) – Pontifícia Universidade Católica de São Paulo, São Paulo, 2007.

COLASANTO, Cristina Aparecida. **Avaliação na educação infantil:** a participação da criança. 2014. 207f. Tese (Doutorado em Educação) – Pontifícia Universidade Católica de São Paulo, São Paulo, 2014.

JUSTINO, Cristiane Regis. **Portfólio, um instrumento de avaliação na educação infantil.** 2012. 30f. Artigo (Especialização em Educação Infantil) – Centro de Ciências da Educação, Universidade Federal de Santa Catarina, Florianópolis, 2012.

LUCKESI, Cipriano Carlos. **Avaliação da aprendizagem escolar.** São Paulo: Cortez, 1994.

MIZUKAMI, Maria da Graça Nicoletti. **Ensino:** as abordagens do processo. São Paulo: Editora Pedagógica e Universitária, 1986.

PINTO, Viviane Fernandes Faria. **Entre práticas e narrativas:** a avaliação no cotidiano da educação infantil. 2019. 228f. Tese (Doutorado em Educação) – Faculdade de Educação, Universidade de Brasília, Brasília, 2019.

VYGOTSKY, Lev Semenovich. **A formação social da mente.** 6 ed. São Paulo: Martins Fontes, 1998.

4

AVALIAÇÃO DIAGNÓSTICA ENQUANTO INSTRUMENTO DE ORIENTAÇÃO NO ENSINO FUNDAMENTAL

DOMINIQUE DE OLIVEIRA BATISTA LIMA
MARIA DA PIEDADE PEREIRA DE SOUZA
ELZANEIDE MORAIS DAS CHAGAS
ROSIMAR MELO GONÇALVES DE SOUSA GUIMARÃES

Neste capítulo, serão apresentados os aspectos referentes à avaliação diagnóstica e suas contribuições para a prática educativa no Ensino Fundamental, haja vista tratar-se de um recurso imperecível para se identificar, previamente, pontos cruciais quanto às habilidades e competências dos alunos antes da apresentação de novas propostas de ensino.

O campo da avaliação educacional é uma temática bastante delicada, todavia a mesma requer de constantes discussões, haja vista que por cada professor possuir múltiplas perspectivas e realizar distintas ações avaliadoras torna-se imprescindível fomentar discussões que venham a somar quanto ao que se refere ao estabelecimento de uma prática avaliativa voltada ao desprendimento de expressões autoritárias e à emancipação da aprendizagem.

A proposta desta discussão é evidenciar a importância das contribuições da avaliação diagnóstica – quando realizada nas primeiras semanas de aula do Ensino Fundamental (1° ao 9° ano) –, principalmente em relação ao estabelecimento de orientações para o trabalho docente, sob uma linha de raciocínio coerente com as necessidades de aprendizagem dos alunos, bem quanto a revelação e, até mesmo, a própria conscientização destes quanto às suas inseguranças, para que, assim, todos possam estar cientes de suas necessidades e esforçar-se para lidar com os iminentes obstáculos que estarão presentes no processo de ensino-aprendizagem.

A avaliação enquanto oportunidade de aprendizagem

Avaliar o desempenho cognitivo de um estudante infere-se na premissa da análise daquilo que fora ensinado, para tanto, avaliar precisa ser uma ação concomitante à prática de ensino, para que professores e alunos tenham a consciência de que tal avaliação implicará na revelação daquilo que não foi bem assimilado pelo aluno ou insuficientemente trabalhado didaticamente pelo professor ou, até mesmo, as duas hipóteses apontadas, onde se acaba criando situações tensas entre aqueles que defendem seus pontos de vista sobre o processo avaliativo, especificamente, tratando-se de quem avalia e de quem é avaliado.

Diante dessas constatações, Costa (2010) destaca que:

> Falar sobre avaliação é uma tarefa difícil, por ser um assunto que gera controvérsias entre alunos, professores, diretores, especialistas e outros atores ligados, direta ou indiretamente ao processo ensino-aprendizagem: as posições geralmente são radicais, pois alguns defendem a avaliação como se ela significasse a resolução de todos os problemas educacionais; outros a atacam, desconsiderando seu importante papel de informação e orientação para a melhoria do ensino (COSTA, 2010, p. 21).

Deste modo, a temática referente à avaliação corresponde, automaticamente, a implicações de natureza conceptiva, pragmática e apreciativa, pois a mesma, além de ser objeto de estudo de diversos campos do conhecimento, também está diretamente ligada ao cotidiano escolar e às relações interpessoais com todos os integrantes da comunidade escolar, enquanto pauta contínua e acometida periodicamente.

Diante dessa conjuntura contextual, a prática avaliativa acaba se tornando uma ação carregada de preocupação, tanto para quem a aplica quanto para quem é avaliado e, de igual forma, para quem é abrangido por seus reflexos, isto é, gestores, pais, índices avaliativos nacionais, etc.

Avaliação prognóstica ou diagnóstica

A avaliação baseada em análises cognitivas prévias ao processo educacional - *avaliação prognóstica* ou *diagnóstica* - centra-se na concepção de preparação do processo de ensino-aprendizagem de maneira linear, onde se buscará a identificação e, por conseguinte, a desobstrução do percurso de ensino, com vistas à previsibilidade das possibilidades de aprendizagem.

Através da concepção de Ribeiro (2012, p. 31), "A avaliação prognóstica ou diagnóstica acontece, por exemplo, no início do ano letivo para que o professor conheça o aluno um pouco, para que ele tenha uma ideia da realidade com que vai trabalhar", e esse tipo de avaliação não se limita à clássica aplicação de formulários com questionamentos banais, sob a perspectiva do *sim* ou *não*, mas deve estar relacionada, também, ao diálogo e a descoberta de interesses dos alunos, ações estas que, sem dúvida, contribuirão para a formulação de uma visão bastante específica quanto ao nível de proficiência dos alunos, bem como da identidade da turma.

A avaliação diagnóstica implica na verificação daquilo que o aluno aprendeu ou não no ano letivo anterior, e os resultados obtidos deverão fazer parte do compromisso do professor diante da apresentação de novos conteúdos que precisarão estar vinculados a subsídios que auxiliem os alunos na conexão entre a temática não aprendida, a que se está aprendendo para que se possibilite, assim, sua autossuficiência na aquisição de novos conhecimentos. Luckesi (2002, p. 82) salienta que "[...] se o conhecimento ou habilidade é importante e o aluno não o adquiriu, há que trabalhar para que adquira [...]".

Os esforços cujos quais os professores deverão desempenhar para promover um processo de ensino-aprendizagem coerente e progressivo partirão, fundamentalmente, da realização de avaliações diagnósticas no início do ano letivo, pois, "Ao começar o período letivo, é recomendado que o professor faça uma avaliação diagnóstica da sua classe, para verificar o que os alunos aprenderam nos anos anteriores, quais os conhecimentos prévios que eles estão levando para aquela série" (CAMARGO, 2010, p. 15), desta forma, conhecer os alunos e seus potenciais é a primeira ação proativa legitimamente favorável ao desenvolvimento de práticas de ensino suscetíveis ao êxito.

Avaliação diagnóstica nos anos iniciais do Ensino Fundamental

Ao lecionar em turmas dos Anos Iniciais do Ensino Fundamental (1° ao 5° ano), os professores precisam, primordialmente, ter claros os objetivos do processo educacional, realizar uma prática concomitante às práticas pedagógicas esperadas (prescritas e normatizadas) e, indissociavelmente, realizar avaliações contínuas condizentes e capazes de revelar as lacunas do processo de ensino-aprendizagem, com vistas à resolução destas.

Através deste ponto de vista, compreende-se que "O ato de avaliar implica na coleta, na análise e na síntese dos dados que configuram o objeto da avaliação, acrescido de uma atribuição de valor ou de qualidade [...]" (SANTOS; VARELA, 2007, p. 2). Deste modo, o acréscimo mencionado no excerto das autoras corresponde à capacidade do professor em formular novas ações que venham a somar ao processo educacional visando-se, sempre, o reforço da aprendizagem de determinados conteúdos que não foram suficientemente esclarecidos aos alunos, em período estimado e que implicara em sua não aprendizagem.

Hoffmann (1993 *apud* ANDRADE *et al.*, 2015, p. 5) destaca que "avaliação diagnóstica, como um dos meios pelos quais se podem conhecer os alunos. O que permite acompanhar a trajetória do educando, descrevendo seus problemas e potencialidades". Assim, para que se tenham as mínimas chances de progressão e conformidade teórica e prática, em sala de aula, os professores precisam fazer uso da avaliação diagnóstica, especialmente tratando-se aqui dos Anos Iniciais do Ensino Fundamental, etapa esta onde as relações de aprendizagem estão fortemente engajadas aos aspectos da ludicidade, requerendo-se do professor abordagens avaliativas sensíveis e adequadas.

Sobre avaliação diagnóstica, Neto (1980) aponta que a:

> Avaliação diagnóstica pretende definir o nível de aprendizado apresentado por cada aluno no sentido de verificarem-se pré-requisitos estabelecidos para o programa, o curso ou período que foram atendidos. De outro modo, a avaliação diagnóstica analisa, se o aluno apresenta os conhecimentos, habilidades e atitudes necessárias para prosseguir as demais atividades (NETO, 1980, p. 39).

Sem as constatações das devidas habilidades prévias dos alunos, a garantia de rendimento escolar exitoso torna-se aleatório e bastante arriscado, pois o processo de ensino estará envolto às expressões da probabilidade, onde a figura do professor se tornará a do agente emissor de informações e os alunos sujeitos a eventuais aprendizados, assíncronos e, o mais grave, vulneráveis à perpetuação de seus estados de aprendizado procrastinado.

Pires *et al.* (2016, p. 123) destacam que "a avaliação constitui uma excelente ferramenta para a autoavaliação e o replanejamento das ações praticadas em todas as áreas de ensino", ou seja, a avaliação não é um processo exclusivamente destinado ao aluno, mas, também, ao professor, como ação natural e basilar, complementando, as autoras, ainda, apontam que "Isto torna evidente que a avaliação tem a função diagnóstica em sala de aula, favorecendo a permanência e o progresso do aluno na escola" (PIRES *et al.*, 2016, p. 123), havendo-se a preocupação avaliativa tanto do que é necessário suprir quanto de como agir.

Avaliação diagnóstica nos anos finais do Ensino Fundamental

Os Anos Finais do Ensino Fundamental correspondem a um período delicado, especificamente, tratando-se da passagem do 5º ano para o 6º ano, onde ocorre a ruptura de práticas pedagógicas e a iniciação de um novo ciclo escolar mediante a presença de múltiplos professores, além da ampliação das áreas de ensino.

A sondagem cuja qual prevê a avaliação diagnóstica é fundamental quanto ao que se refere ao desenvolvimento de novas práticas de ensino. De acordo com Silva (2014, p. 20) "a avaliação diagnóstica tem como objetivo indagar sobre os conhecimentos adquiridos anteriormente pelo aluno, possibilitando assim, reter conteúdos contemporâneos que são compartilhados no processo ensino aprendizagem" e tal retenção almeja explorar aquilo que o aluno já conhece e, a partir de então, poder utilizar tal conhecimento como forma de ponte entre os novos a serem adquiridos, porém, essa ação apenas será possível a partir do compromisso do professor em fazer valer o potencial da avaliação diagnóstica em sala de aula.

Na medida com que o professor conhece seu aluno – reiterando-se que isso não acontece em um único momento isolado, como, por exemplo, no primeiro dia de aula – ele conseguirá compreender as habilidades e dificuldades dos mesmos mediante certo desafio cognitivo e que, a partir de então, poderá promover, sim, outros tipos de avaliações cujos resultados obtidos corroborem para uma melhor compreensão do que realmente precisa ser contemplado nos futuros planejamentos de ensino, haja vista que "[...] o ato de avaliar não pode ser usado como uma forma de classificar ou desclassificar o aluno, mas que a avaliação seja um meio de diagnosticar as possibilidades da situação" (LUCKESI, 1995, p. 81).

De acordo com Fernandes e Almeida (2014):

> A avaliação diagnóstica se constitui de várias as etapas que envolvem o contexto escolar e procedimentos sistemáticos, que obtêm como instrumentos, observações, entrevistas, jogos, análise da produção do aluno, entre outros. O qual permite o enfrentamento de dados, com análise criteriosa de todas as informações coletadas, tanto os aspectos qualitativos sobre os quantitativos (FERNANDES; ALMEIDA, 2014, p. 6).

Através do posicionamento das autoras supramencionadas, evidenciam-se as características procedimentais da avaliação diagnóstica sobre o processo de ensino-aprendizagem como uma ação que requer da reflexão docente quanto aos resultados obtidos, principalmente, quando se trata da opinião e expressão discente sobre os conhecimentos que os mesmos possuem e têm a oferecer em prol do processo de ensino-aprendizagem, informações estas imprescindíveis para que o planejamento escolar possa ser realizado de maneira consistente e duradoura, uma vez que "Esse diagnóstico é importante para a equipe pedagógica e em especial o professor, para que sejam feitas as adaptações curriculares necessárias para que o aluno obtenha êxito em relação à aprendizagem" (FERNANDES; ALMEIDA, 2014, p. 8).

Impasses e imprecisões em avaliações diagnósticas

As implicações cujas quais subjazem os processos avaliativos em praticamente todas as etapas educacionais, seja da Educação Infantil ao Ensino Superior, estão, significativamente, atreladas ao nível de proficiência e subjetividade com que cada professor estipula seus critérios avaliadores. Possuiriam os professores subsídios teóricos e emocionais suficientes para avaliar um aluno? As dificuldades de aprendizagem foram trabalhadas, pedagogicamente? Os aspectos cobrados em avaliações foram condizentes com aquilo que fora ensinado? Enfim, pontos cruciais estes que adquirem múltiplas perspectivas a partir daqueles que avaliam externamente o próprio processo de avaliação, mas que deveria ser realizado pelo próprio professor.

Segundo Luckesi (2005):

> Na avaliação nós não precisamos julgar, necessitamos isto sim, de diagnosticar, tendo em vista encontrar soluções mais adequadas e mais satisfatórias para os impasses e dificuldades. Para isso, não é necessário nem ameaça, nem castigo, mas sim acolhimento e confrontação amorosa (LUCKESI, 2005, p. 33).

A avaliação ganhou *status* de rigorosidade devido ao seu teor decisório estereotipando diversos professores como "casca-grossa" e outras expressões pejorativas, mas que revelam uma característica educacional rude forjada pela implacabilidade de suas abordagens avaliativas que, muitas vezes, não oportunizavam, ou continuam a não oportunizar, a expressão de inteligência discente por não serem contempladas em seus critérios avaliadores. Sendo assim, "Não é possível avaliar um educando, se este, desde o início, for excluído. Não há nada que se possa fazer com o que foi recusado" (NETO; AQUINO, 2009, p.231). Deste modo, a avaliação diagnóstica deve objetivar identificar as debilidades e defasagens na aprendizagem dos alunos e, a partir disso, poder orientar a ação docente quanto à oferta de novas abordagens de ensino que se traduzam em novas experiências aos alunos, cativando-os ao engajamento da teoria à prática e viabilizando sua aprendizagem.

Considerações finais

Avaliar de maneira diagnóstica não significa refutar ou, muito menos, interromper o avanço do processo de ensino-aprendizagem, haja vista que sem um ponto de partida concreto e contextualizado, a ação docente não passará de uma mera conduta processual e insensível, o que propiciará a perpetuação da estagnação da aprendizagem e suas adversidades em sala de aula.

Neste sentido, avaliar diagnosticamente requer, antes de tudo, da humildade docente para se admitir eventuais falhas que foram suprimidas durante o período letivo anterior e buscar alternativas e estratégias educacionais para tentar suprir parcial ou plenamente tal carência preparatória às demais etapas da educação.

Avaliar não pode ser mais considerado uma ação educacional que apenas evidencie "erros" ou "acertos", mas, sim, uma abordagem que contemple as habilidades dos discentes e que revele ao professor possibilidades para a implementação de novas abordagens de ensino que favoreçam a superação das dificuldades de aprendizagem.

Referências

ANDRADE, J. A. [*et al.*]. **O processo de avaliação nas séries iniciais do ensino fundamental:** uma contribuição à prática diagnóstica e formativa do educador/avaliador.

CAMARGO, Wanessa Fedrigo. **Avaliação da aprendizagem no Ensino Fundamental.** 2010. 101f. Monografia (Graduação em Pedagogia) - Universidade Estadual de Londrina, Londrina, 2010.

COSTA, Ana Cristina de Souza. **Avaliação da aprendizagem:** avaliação como diagnóstico de avanços e necessidades. 2010. 64f. Monografia (Especialização em Orientação Educacional) - Universidade Candido Mendes, Rio de Janeiro, 2010.

FERNANDES, Vera Beatris; ALMEIDA, Lirane Elize Defante Ferreto de. **Avaliação diagnóstica no Ensino Fundamental II:** uma experiência na educação continuada. Cadernos PDE, Governo do Estado Paraná, Secretária de Educação, ISBN 978-85-8015-080-3, 2014.

HOFFMANN, Jussara Maria Lerch. **Avaliação mediadora:** uma prática em construção da pré-escola à universidade. Porto Alegre: Educação & Realidade, 1993.

LUCKESI, Cipriano Carlos. **Avaliação da aprendizagem escolar.** São Paulo: Cortez, 2002.

LUCKESI, Cipriano Carlos. **Avaliação da Aprendizagem escolar:** estudos e proposições. São Paulo: Cortez, 1995.

NETO, Ana Lúcia Gomes Cavalcanti; AQUINO, Josefa de Lima Fernandes. **A avaliação da aprendizagem como um ato amoroso:** o que o professor pratica? Educação em Revista, Belo Horizonte, v. 25, n. 02, p.223-240, ago. 2009.

NETO, Antônio Coelho. **Avaliação sem medo.** Fortaleza: 1980.

PIRES, Gerson Oliveira [*et al.*]. **Avaliação como um instrumento diagnóstico:** uma reflexão sobre a metodologia utilizada nas turmas do 4° e 5° anos do ensino fundamental da escola municipal recanto de fada no município de Rio Real Bahia. Ciências Humanas e Sociais, Aracaju, v. 3, n. 2, p. 121-136, Março 2016.

RIBEIRO, Dione Baptista. **Uma leitura sobre avaliação no Ensino Fundamental.** 2012. 125f. Dissertação (Mestrado em Educação Matemática) – Instituto de Ciências Exatas, Universidade Federal de Juiz de Fora, Juiz de Fora, 2012.

SANTOS, Monalize Rigon da; VARELA, Simone. **A avaliação como um instrumento diagnóstico da construção nas séries iniciais do ensino fundamental.** Maringá-PR Ano I, n. 1, ago--dez. 2007. Disponível em: https://web.unifil.br/docs/revista_eletronica/educacao/Artigo_04.pdf. Acesso em: 6 jan. 2021.

SILVA, Jucivan Ferreira da. **Avaliação:** um desafio aos professores das Séries Finais do Ensino Fundamental. 2014. 47f. Monografia (Especialização em Educação: Métodos e Técnicas de Ensino) – Universidade Tecnológica Federal do Paraná, Medianeira, 2014.

AVALIAÇÃO DA APRENDIZAGEM NOS ANOS FINAIS DO ENSINO FUNDAMENTAL:

ENTRE RISCOS E PRECISÕES

JORGE MARDINI SOBRINHO

Neste capítulo, serão abordadas discussões referentes as práticas pedagógicas voltadas à avaliação da aprendizagem, especialmente, tratando-se acerca dos contrastes existentes entre a teoria (orientações educacionais legais) e o processo de ensino expressivamente longínquo das pressuposições norteadoras, evidenciado enquanto um dos principais aspectos obstrutores de abordagens avaliativas exitosas.

Diversas são as práticas avaliativas que subjazem o processo de ensino-aprendizagem nos Anos Finais do Ensino Fundamental (6º ao 9º ano) sendo, muitas delas, divergentes do ponto de vista do que fora estabelecido em determinações legais, como, por exemplo, as Diretrizes Curriculares Nacionais para a Educação Básica (DCN) e a Base Nacional Comum Curricular (BNCC), deflagrando-se práticas avaliativas aleatórias e imprecisas que desconfiguram a avaliação da aprendizagem como ação imperialista e coerciva.

Tratar acerca das habilidades e capacidades de um professor, quanto à promoção de processos avaliativos, é um assunto delicado, porém, indispensável, principalmente devido ao fato da defesa constante acerca da necessidade de se atualizarem as práticas de ensino, e a avaliação não pode ser isenta dessa transformação.

Para tanto, a avaliação da aprendizagem tem sido expressa como uma temática de destaque quanto ao que se refere ao êxito do rendimento escolar dos alunos, temática esta que também se encontra centrada em um de seus maiores dilemas, senão o maior deles, a aprovação ou reprovação do aluno e os reflexos dessa decisão tanto para o aluno avaliado quanto às próprias práticas de ensino.

O que, por que, quando e como avaliar? Indagações cruciais

Ser professor, assim como qualquer outro profissional, requer de reflexões críticas que o auxilie na tomada de decisões, por exemplo, um médico não pode operar alguém sem antes ter estudado e buscado se habilitar para isso, a mesma concepção se aplica ao professor que antes de avaliar um aluno precisa, primordialmente, inteirar-se quanto aos elementos que constituem esse procedimento.

Segundo destaca Guerra (2007):

> A avaliação, além de ser um processo técnico, é um fenômeno moral. É muito importante saber a que valores ela serve e a que pessoas beneficia. É muito importante avaliar bem, mas é mais importante saber a que causas serve a avaliação (GUERRA, 2007, p. 17).

Desta forma, avaliar requer da postura profissional do professor que deverá ser a expressão de seu ponto de vista atrelado às contribuições teóricas coerentemente concebidas mediante práticas de ensino similares àquelas cujas quais o professor desenvolve em sala de aula, isto é, a incoerência presente em diversas propostas avaliativas, no meio educacional, está relacionada à cobrança de aprendizados não viabilizados.

Através da perspectiva de Santos (2017), a avaliação precisa assumir um encargo revelador do processo de ensino-aprendizagem e não ser usada como escudo de práticas de ensino absolutas e obsoletas nem como elemento de coerção ao aluno, pois:

> A avaliação deve não só confirmar o aprendizado ocorrido, mas também explicar porque ele não ocorreu. Assim, pode-se verificar a causa, ou causas, para determinados resultados e as intervenções mais adequadas para reverter o quadro (SANTOS, 2017, p. 19).

Diante do exposto, tornam-se claras que muitas das práticas avaliativas realizadas na Educação Básica têm sido caracterizadas enquanto ações incontestáveis, porém deficientes e inacabadas, haja vista que o professor deve deixar claro, previamente, aos alunos, quais critérios compõem seu processo avaliativo para que, desta forma, os mesmos possam estar cientes acerca dos caminhos que devem trilhar durante o processo de aprendizagem, porém, não de maneira submissa ou opressiva, mas, sim, orientada, "Portanto, após uma avaliação, quanto antes o aluno conhecer seus acertos e erros, mais facilmente ele tende a reforçar as respostas certas, sanar as deficiências e corrigir os erros[1]" (HAYDT, 1997, p. 28).

---

1 Erro é entendido aqui enquanto equívoco que, naturalmente, ocorre durante o processo de aprendizagem, cabendo ao professor oportunizar que o aluno evidencie essa ocorrência e o auxilie em sua resolução.

Ponderações avaliativas sobre elementos qualitativos e quantitativos

Pontos, notas, escores, médias, porcentagens etc., são expressões veemente recorrentes no cotidiano escolar, principalmente por parte dos discentes, conjuntura essa resultante de uma cultura organizacional escolar historicamente regrada pela latente necessidade da aprovação – a todo custo – e que, infelizmente, centra-se as atenções dos discentes na conclusão dos estudos e em suas egressões escolares, intento este fruto da sensação de repulsa criada nos alunos mediante práticas de ensino não engajadoras e que pouco – ou nada – oportunizam o protagonismo discente em seus próprios processos de aprendizagem.

Todavia, o aspecto quantitativo da avaliação não pode ser subestimado, mas, sim, tratado em sala de aula, diretamente com e para os alunos, evidenciando-se, desde o início, propostas avaliativas que levem em consideração as opiniões e sugestões dos alunos o que, nem sempre, tem sido defendido, até mesmo, em teoria. "Um dos grandes equívocos que permeia as leituras que tratam de avaliação formativa está em definir o que vem a ser uma avaliação que prime pelo qualitativo ao invés do quantitativo" (ALBUQUERQUE, 2012, p. 36).

Diante das pressuposições legais brasileiras, a homologação da Lei de Diretrizes e Bases da Educação

Nacional, de 1996, estabelece que o processo avaliativo da aprendizagem precisa ser regido tanto por procedimentos de natureza qualitativa quanto quantitativa, conforme expresso a seguir.

> V - a verificação do **rendimento escolar** observará os seguintes critérios:
>
> a) **avaliação contínua** e **cumulativa** do desempenho do aluno, com **prevalência dos aspectos qualitativos sobre os quantitativos** e dos resultados ao longo do período sobre os de **eventuais provas finais**;
>
> **b)** possibilidade de **aceleração de estudos** para alunos com atraso escolar;
>
> c) possibilidade de avanço nos cursos e nas séries **mediante verificação do aprendizado**; (BRASIL, 1996, s/p)[2].

Todavia, a supracitada legislação não explicita, claramente, o que vem a ser tais aspectos qualitativos ou quantitativos, apenas aponta à prevalência de práticas de ensino voltadas à promoção de abordagens de ensino embasadas em aspectos qualitativos sobrepostos aos quantitativos, o que pode inferir em distintas definições por parte de pesquisadores, estudiosos e autores que explorem a área da avaliação educacional. Todavia, sustenta-se, aqui, mediante

2 Grifo nosso.

diversas contribuições teóricas e constatações advindas das próprias práticas de ensino dos autores, que as abordagens qualitativas se refiram a ações pedagógicas previamente cogitadas e articuladas de maneira estratégica para que sejam estabelecidas práticas de ensino que conduzam a um aprendizado significativo sobre os aspectos quantitativos (notas, pontos, médias, etc.) que, por mais importantes e indissociáveis dos processos educacionais, não possam sobrepor, de forma angustiante, os de natureza qualitativa.

Avaliação como instrumento de poder

Muitas das vezes, a falta de humildade do professor em buscar aprofundar seus conhecimentos acerca de práticas avaliativas e, a partir disso, aprimorar tanto sua perspectiva quanto a sua própria prática de ensino, leva-o a agir de maneira impulsiva, pessoal e parcial, sobrepondo aspectos superficiais (achismos, emoções etc.) sobre sua prática avaliadora, sem antes, sequer, compreender os contextos de aprendizagem e sem oportunizar o diálogo entre o ensino e a aprendizagem. Araújo *et al.* (2012, p. 5) destacam que "Observando o processo avaliativo, nota-se que é regado de punições, por meio delas o professor ameaça, amedronta, impõe o seu poder".

Nesse sentido, utilizar uma ou um conjunto de avalições que expressem a sensação de encurralamento do aluno sob as condutas pedagógicas do professor, aniquilará as possibilidades de aprendizagem espontâneas, criativas e férteis do aluno, pois, naturalmente, está se sujeitando a aprendizagem sob a condição do medo. Para Luckesi (2003, p. 24), "o medo gera a submissão forçada e habitua a criança e o jovem a viverem sob sua égide. Reiterado, gera modos permanentes e petrificadas ações". Assim, condicionar o aprendizado sob expressões de medo forjará, metaforicamente, um escudo no cógnito do aluno cujo qual sentirá inúmeras dificuldades e inseguranças ao realizar a prática da aprendizagem sob outras perspectivas e, mais do que isso, torná-lo-á crente de que a aprendizagem só seja possível mediante tais procedimentos.

Acerca desta concepção, Santos (2008) aponta que:

> Pesquisas e estudos da comunidade acadêmica têm revelado que a cultura da avaliação escolar em nosso país representa um dos grandes entraves para uma prática pedagógica competente. Os docentes, de modo geral, sentem dificuldade em lidar com o sistema de avaliação que, além de se constituir num grande desafio é um dos principais definidores do fracasso ou do sucesso do aluno na escola (SANTOS, 2008, p. 12).

Destarte, a lógica da ocorrência de imprecisões, falhas, incertezas, injustiças e inadequações quanto à inaplicabilidade das pressuposições normativas e legais que regem a Educação Básica corresponde, principalmente, à falta de conhecimentos teóricos definidores de avaliação educacional atrelada às inconsistências pragmáticas de uma docência que acaba sendo realizada sem a condução necessária ao processo de ensino-aprendizagem, o que não implica na retirada da autonomia docente, mas, sim, em sua implementação procedente, deflagrando-se em práticas avaliativas tendenciosas à exclusão discente, pois o que se coloca em jogo é a capacidade do aluno em aprender o que o professor ensina sem, em nenhum momento do processo educativo, contemplar aquilo que ele já sabe, ocasionando a perda de possibilidades de desenvolvimento cognitivo de maneira autônoma e proativa, além do mais, "[...] a avaliação utilizada como instrumento punitivo destrói a perspectiva de construção do conhecimento e do desenvolvimento de habilidade" (ARAÚJO *et al.*, 2012, p. 5).

Para Haydt (1997):

> A avaliação deve ser um instrumento para estimular o interesse e motivar o aluno para maior esforço e aproveitamento, e não uma arma de tortura ou punição. Nesse sentido, a avaliação desempenha uma função energizante, à medida que serve de incentivo ao estudo. Mas complementando essa função, a avaliação desempenha, também, outra: a de *feedback* ou retroalimentação, pois permite que o aluno conheça seus erros e acertos (HAYDT, 1997, p. 27).

A discussão em torno de propostas avaliativas tangíveis (provas, atividades, cartazes, etc.) e não tangíveis (apresentações, narrações, etc.) devem prezar pelas considerações observadas durante o período estabelecido para a aprendizagem de determinados conteúdos, por exemplo, ao promover um seminário temático enquanto critério avaliativo, o professor não pode contemplar apenas o critério da defesa em culminância do mesmo, mas, também, as contribuições e esforços dedicados pelos alunos durante todo o percurso voltado à organização dessa metodologia e, após o desfecho dessa etapa, a ação docente precisa ponderar todos os aspectos relacionados à produção do seminário, explaná-los frente aos alunos para que todos possam compreender e serem cientes de seus pontos fortes e carentes, quanto ao que se refere aos resultados obtidos.

Implicações da quantificação da aprendizagem por meio de notas de desempenho

Subestimar o processo de aprendizagem e enaltecer os resultados absolutos de abordagens avaliativas significa o mesmo que depreciar o potencial cognitivo dos alunos pela quantidade de questões de uma prova somativa, a qual é recorrente em diversas práticas avaliativas e que, mesmo possuindo seu potencial, acaba sendo limitadora quanto ao que se refere à externalização de sinais norteadores para um aprendizado significativo, em outras palavras, uma avaliação inconclusa, tendenciosa e excludente, corroborando para a manutenção da sobressalência da primazia sistemática quantitativa à qualitativa, pois "O sistema avaliativo costuma classificar os alunos diante as notas que são apresentadas nos exames escolares, além de segregar aqueles que não atingem o produto final: a nota máxima" (ARAÚJO *et al.*, 2012, p. 5).

Mediante as determinações estabelecidas na BNCC, as quais se fundamentam sob os mesmos prismas das DCNs, é concebida a necessidade de se:

> Construir e aplicar procedimentos de avaliação formativa de processo ou de resultado que levem em conta os contextos e as condições de aprendizagem, tomando tais registros como referência para melhorar o desempenho da escola, dos professores e dos alunos; (BRASIL, 2017, p. 17).

Isto é, a avaliação da aprendizagem precisa ser fielmente fundamentada sob os aspectos referentes ao processo de ensino, bem quanto às expressões de aprendizagem demonstradas durante todo o percurso proposto para que se efetivassem os objetivos de ensino, sendo que os resultados obtidos possam realmente descrever e caracterizar o nível educacional próprio de cada escola, onde não haja incongruências educacionais que deturpem a verdadeira face do rendimento escolar.

Através da concepção de Luckesi (2003 *apud* ARAÚJO *et al.*, 2012)

> A avaliação promove resultados que se transformando em "pontos", padronizam as medidas denominando os pontos atingidos como médias ou notas. Assim, os acertos terão uma quantificação que ao serem somados produzirão um resultado específico: máximo ou mínimo. De maneira que, constroem a perspectiva de que avaliar é atingir pontuações, sem que haja o conhecimento e aprendizagens, apenas a reprodução de conteúdos (LUCKESI, 2003 *apud* ARAÚJO *et al.*, 2012, p. 5).

Ensinar e avaliar devem ser procedimentos tão intrínsecos e legítimos quanto aprender e cogitar, paradigma este essencial para que uma avaliação possa ser concebida enquanto plausível, caso contrário, havendo obstruções de qualquer natureza em tal desencadeamento lógico, logo será exposto lacunas que evidenciarão falhas no processo de ensino, de aprendizagem ou em ambas as circunstâncias, o que demandará intervenções pedagógicas ou familiares para se tentar discutir e sanar tal adversidade educacional que mais corrobora para a deturpação escolar do que ao seu progresso.

Conhecimento *versus* avaliação: o que realmente predomina?

Elencar o receio prévio à realização de uma abordagem avaliativa escolar fará com que o aluno seja privado do desenvolvimento de sua confiança e segurança quanto à resolução de desafios pedagógicos, o que infere na substituição da possibilidade de se acionar estratégias de aprendizagem pela instauração da submissão e aversão à prática avaliativa, cuja qual o mesmo está inserido, por ações contraproducentes como alternativas desesperadas à resolução dos mesmos, como, por exemplo, a tradicional e recorrente "cola", perpetuando, assim, condutas controversas praxes a outros momentos avaliativos, os quais cumulativos e desfavoráveis ao processo de aprendizagem.

Ferreira (2014) aponta que:

> Uma forma de uso da avaliação um pouco mais sutil e ainda utilizada é criar um clima de medo e ansiedade entre alunos. A questão do erro, da culpa a do castigo na prática escolar está bastante articulada com a questão da avaliação da aprendizagem (FERREIRA, 2014, p. 17).

Assim, o termo *desafio* acaba ganhando um duplo sentido quando se trata da avaliação da aprendizagem, primeiramente, por se tratar do estímulo à superação de incógnitas inatas aos processos de ensino e, por outro lado, por evidenciar a dificuldade em vencer o medo que sonda a realização de avaliações carregadas de insensibilidade, o que acaba propiciando com que muitos alunos tentem driblar tais propostas, através de "colas", arriscarem, demasiadamente, "aprender nos últimos minutos" para transcrever respostas prontas ou absterem-se da sujeição à realização de tais testes e conformarem-se com suas reprovações, principalmente, por não haver incentivos suficientes que os estimulem ao engajamento nos desafios do processo de ensino-aprendizagem adequadamente.

Neste mesmo sentido, Meurer (2016) revela que:

> A avaliação escolar é um compromisso social que deve proporcionar aos alunos o acesso aos conhecimentos sistematizados e aos bens culturais, mas dependendo da maneira como é utilizada, a avaliação pode se aproximar ou se afastar desses objetivos (MEURER, 2016, p. 9).

A depender da forma com que os professores e demais profissionais da educação concebem e conduzem os processos e abordagens avaliativas é que definirá o grau de adequabilidade apontado pelas determinações legais de um país cujo qual também demonstrará a falta de domínio quanto à receptividade e administração normativa, expressamente promovida de maneira a revelar retrógradas e improdutivas expressões docentes que precisam ser erradicadas a favor do êxito educacional, especialmente, tratando-se da aprendizagem e suas devidas necessidades avaliativas.

Sob a perspectiva da avaliação enquanto instrumento opressor, os conhecimentos dos alunos são subestimados ao ponto deles mesmos perderem a confiança, haja vista que o que é contemplado, durante o processo de ensino-aprendizagem, é se o aluno aprendeu aquilo que o professor presumiu que ele aprendesse, descartando-se, assim, diversas fontes de saberes que poderiam auxiliar, notoriamente, os intentos docentes.

Considerações finais

Percebe-se que mesmo diante da formulação de contínuas propostas e determinações normativas que revelam e atribuem novos significados à avaliação formativa, a presença de práticas avaliadoras antiquadas permanece ativa e recorrente ao processo de ensino-aprendizagem, apontando uma resistência que demanda de constantes discussões voltadas, principalmente, à conscientização acerca do aprimoramento da prática educacional enquanto caminho legitimamente propício ao êxito educacional.

Deste modo, por mais que surjam leis, normas, decretos, determinações e outros dispositivos educacionais referenciais, enquanto não houver unanimidade entre as propostas e práticas avaliativas na Educação Básica, especialmente tratando-se dos Anos Finais do Ensino Fundamental, a tendência é seguir rumo à estagnação dos resultados negativos que revelam índices inferiores ao esperado, principalmente devido a não haver uma ação enérgica quanto a necessidade de mudanças e adaptações educativas em nosso país, principalmente, referentes as formas de se avaliar o aprendizado escolar.

Referências

ALBUQUERQUE, Leila Cunha de. **Avaliação da aprendizagem:** concepções e práticas do professor de Matemática dos anos finais do Ensino Fundamental. 2012. 165f. Dissertação (Mestrado em Educação) – Faculdade de Educação, Universidade de Brasília, Brasília, 2012.

ARAÚJO, Débora Laise Barroso de [*et al.*]. **A avaliação utilizada como um instrumento de poder**. Universidade Federal de Sergipe, Anais do VI Colóquio Internacional Educação e Contemporaneidade - EDUCON - 20 a 22 de setembro de 2012.

BRASIL. Lei nº 9.394, de 20 de dezembro de 1996. **Estabelece as diretrizes e bases da educação nacional.** Disponível em: http://www.planalto.gov.br/ccivil_03/leis/l9394.htm. Acesso em: 29 jan. 2021.

BRASIL. Ministério Da Educação. Conselho Nacional De Educação. Conselho Pleno. Resolução CNE/CP nº 2, de 22 de dezembro de 2017. **Institui e orienta a implantação da Base Nacional Comum Curricular, a ser respeitada obrigatoriamente ao longo das etapas e respectivas modalidades no âmbito da Educação Básica.** Disponível em: http://portal.mec.gov.br/index.php?option=com_docman&view=download&alias=79631-rcp002-17-pdf&category_slug=dezembro-2017-pdf&Itemid=30192. Acesso em: 15 jan. 2021.

BRASIL. Ministério da Educação. Secretaria de Educação Básica. Secretaria de Educação Continuada, Alfabetização, Diversidade e Inclusão. Secretaria de Educação Profissional e

Tecnológica. Conselho Nacional da Educação. Câmara Nacional de Educação Básica. **Diretrizes Curriculares Nacionais Gerais da Educação Básica** / Ministério da Educação. Secretaria de Educação Básica. Diretoria de Currículos e Educação Integral. Brasília: MEC, SEB, DICEI, 2013.

FERREIRA, Luiza. **Avaliação:** desafios e possibilidades de aprendizagem. 2014. 34f. Monografia (Especialização em Fundamentos da Educação) - Universidade Estadual da Paraíba, Itaporanga, 2014.

GUERRA, Miguel Ángel Santos. **Uma flecha no alvo:** a avaliação como aprendizagem. São Paulo: Loyola, 2007.

HAYDT, Regina Cazaux. **Avaliação do processo ensino-aprendizagem.** 6. ed. São Paulo, Ática: 1997.

LUCKESI, Cipriano Carlos. **Avaliação da aprendizagem escolar:** estudos e proposições. 15. ed. São Paulo: Cortez, 2003.

MEURER, Mariluce. **A avaliação e sua importância para o processo de ensino e aprendizagem.** Produção Didático-Pedagógica na Escola, desenvolvido por meio do Programa de Desenvolvimento - PDE, mantido pela Secretaria de Estado da Educação do Paraná - SEED, em convênio com a Universidade de Londrina, Paraná - UEL. Londrina-PR, 2016.

SANTOS, Elisângela Maria da Costa. **A avaliação da aprendizagem no Ensino Fundamental.** 2008. 45f. Monografia (Especialização em Supervisão Escolar) - Universidade Cândido Mendes, Brasília, 2008.

SANTOS, Vilma Claro dos. **Avaliação da aprendizagem em processo:** usos dos resultados pelos professores de Língua Portuguesa e Matemática dos Anos Finais do Ensino Fundamental. 2017. 141f. Dissertação (Mestrado em Educação) - Pontifícia Universidade Católica de São Paulo: São Paulo, 2017.

6

AVALIAÇÃO DA APRENDIZAGEM NO ENSINO REMOTO/HÍBRIDO:

UM OLHAR CRÍTICO PARA O ENSINO FUNDAMENTAL

DAVID IRVING DA SILVA
FRANCISCO FERNANDES DA SILVA
JEFFERSON FREIRE PEIXOTO
MARIANA SILVA FURTADO
ALINE PEDRO DE MOURA

Neste capítulo, serão apresentadas e discutidas concepções referentes ao ensino remoto/híbrido e suas potenciais contribuições ao processo de ensino-aprendizagem, através de posicionamentos críticos quanto a possibilidades da existência de ambiguidades em suas definições teóricas e os reflexos destas para o processo avaliativo.

A prática do ensino remoto/híbrido está mais presente no cotidiano escolar do que se imagina. Propor atividades para casa, solicitar pesquisas em bibliotecas, na internet, na vizinhança etc., para que, posteriormente, os resultados obtidos possam ser expostos, discutidos e explanados em sala de aula também corresponde às possibilidades de educação promovida de maneira abstraída, haja vista a disposição prévia de orientações instrutivas aos alunos para que tal ação educativa possa ser efetivada.

Todavia, apropriar-se de conceitos teóricos que embasem e solidifiquem práticas pedagógicas sob o enfoque do ensino remoto/híbrido é fundamental para que tanto professores quanto alunos possam usufruir de suas contribuições de maneira consciente e, ao mesmo tempo, prevenindo-se quanto à compreensão equivocada de suas superficiais pressuposições.

Notoriamente, com o advento e expansão dos recursos tecnológicos, a acessibilidade a dispositivos móveis e a conectividade à internet banda larga, o ensino remoto/híbrido ganhou novos recursos e configurações metodológicas, todavia sua essência, independentemente dos recursos de ensino adotados, pauta-se na conjuntura da proposição de atividades/

aulas mediante considerável afastamento entre alunos e o âmbito escolar, porém conectados (cognitiva ou tecnologicamente) de maneira recíproca em prol da efetivação de objetivos de ensino-aprendizagem.

Ensino remoto, ensino híbrido e educação a distância: definições e aplicações

Tanto o ensino remoto quanto o ensino híbrido e a Educação a Distância (EaD) comungam de aspectos educacionais similares quanto à promoção do processo de ensino-aprendizagem, todavia tais formatos de ensino possuem suas particularidades e não devem ser concebidos de igual forma, pois mediante as determinações do Decreto nº 9.057, de 25 de maio de 2017, assevera-se que:

> § 2º Compreende-se **Ensino Remoto** como a **realização de atividades de ensino mediadas pelo uso de tecnologias**, caracterizadas pelo conjunto de ações de ensino-aprendizagem ou **atos de currículo**[1] mediados por interfaces digitais que potencializam práticas comunicacionais interativas e hipertextuais, **formato distinto da Educação a Distância (EaD)**, compreendida

1 Atos de currículo estão diretamente articulados à didática onde ambos transversalizam os processos formativos, imprimindo-lhes sentidos, principalmente, através da autonomia discente à pesquisa, descoberta e postulação de novas concepções, como, por exemplo, atividades para casa, aulas de campo etc. (PAIM, 2016).

> como **modalidade educacional** que prioriza a mediação didático-pedagógica por meio de tecnologias digitais de informação e comunicação (TDIC), com corpo profissional qualificado, políticas de acesso, acompanhamento e avaliação compatíveis na realização de atividades educativas por estudantes e profissionais da educação que estejam em lugares e tempos diversos (BRASIL, 2017, s/p)[2].

A legislação é enérgica ao discernir o que é ensino remoto da EaD, pois, por mais similares que possam se apresentar, cada uma dessas propostas educacionais possui objetivos adequados aos seus formatos de ensino, o que requer da compreensão de suas características e possibilidades de estabelecimento do caráter educacional e formativo da educação.

Além disso, outra vertente educacional que se realiza, formal e parcialmente, através do meio virtual é o ensino híbrido que, de acordo com Christensen *et al.* (2013), o definem como "[...] um programa de educação formal no qual um aluno aprende, pelo menos em parte, por meio do ensino *online*. O estudante tem algum controle sobre pelo menos um dos seguintes elementos: tempo, lugar, modo e/ou ritmo do estudo".

Diante desses apontamentos, tornam-se claras as nomenclaturas e propostas educacionais de cada tipo de abordagem de ensino, configuradas sob as

---

2 Friso nosso.

condições de múltiplos aparatos atitudinais, tecnológicos, processuais e objetivos.

Ensino remoto e avaliação formativa

Na disposição de um ensino remoto organizado sob a mediação de recursos e dispositivos tecnológicos, bem como computadores, celulares, *tablets* etc., conectados à internet, o processo de ensino-aprendizagem carece de novas perspectivas educacionais, principalmente, referentes à avaliação da aprendizagem, o que requer de uma revisão conceptiva por parte do corpo docente quanto à aplicabilidade e reflexos dos tipos de avaliação sob esse formato de ensino, destacando-se a avaliação formativa como possibilidade indispensável, pois "A avaliação formativa é um conjunto de práticas que utiliza diferentes métodos avaliativos para medir de maneira profunda e individual o processo de ensino-aprendizado dos alunos" (DINIZ, 2020, s/p), preterindo-se, nestas circunstâncias, de abordagens avaliativas generalizadoras, como, por exemplo, a avaliação somativa.

Desta forma, o processo avaliativo, especialmente tratando-se do Ensino Fundamental, inserido sob o enfoque de práticas educacionais remotas/hibridas, requer de inúmeras ponderações, sobretudo, referente às práticas de ensino realizadas presencialmente, isto é, torna-se de suma importância promover reconsiderações tanto às propostas de ensino quanto à maneira com que a aprendizagem será avaliada.

> No Ensino Fundamental, a avaliação formativa no ensino remoto/híbrido orienta-se para **promover intervenções constantes** analisando as informações obtidas por meio dos instrumentos e procedimentos avaliativos - atividades orais e escritas, portfólios e webfólios, pesquisas orientadas, registros reflexivos, autoavaliação etc., que compõem o ato avaliativo. <u>Os instrumentos e procedimentos avaliativos são adaptáveis ao ensino remoto de acordo com os objetivos de aprendizagem que se pretendem avaliar</u> e potencializam as práticas pedagógicas e de avaliação formativa (BRASIL, 2020, p. 12)[3].

Deste modo, torna-se imprescindível a flexibilidade de um processo avaliativo apurado e intrinsecamente minucioso perante todo o processo de ensino e, mormente pautado no realinhamento teórico quanto àquilo que os alunos compreenderem mediante as explanações realizadas, o que infere na segurança do professor em seguir uma proposta avaliativa estruturada e organizada entre as partes que regem a instância escolar, isto é, estabelecidas entre professor, coordenador e gestor, pois:

> Torna-se fundamental que haja um **método de avaliação bem definido** que deverá ser apresentado para todos os envolvidos no

3 Friso nosso.

> processo. No caso do ensino remoto, obrigatoriamente, [...] deve (-se) deixar claro a plataforma que será utilizada e quais os recursos que serão empregados para a avaliação (BRASIL, 2020, p. 4)[4].

Portanto, o processo avaliativo seja este desenvolvido presencialmente ou por meio do ensino remoto/híbrido deve ser traduzido em ações claras e objetivas aos sujeitos que serão avaliados, devendo todos estarem cientes dessa proposta e capazes de promoverem a reciprocidade necessária para que a metodologia de ensino adotada possa surtir efeitos significativos nos aprendizes e positivos aos professores que, primordialmente, deverão planejar suas ações de maneira adequada à demanda de ensino.

A ação docente voltada à averiguação do desenvolvimento das etapas da aprendizagem é imprescindível quando se busca por garantias de aprendizagem, onde a análise segura do docente transmitirá confiança ao educando, sendo que "A avaliação contínua é a permanente observação dos processos de aprendizagem vividos pelos alunos, seja o grupo que compõe a classe, seja cada aluno em particular" (MENDES; DELBONE, 2011, p. 27).

---

4 Friso nosso.

Ensino híbrido e os processos avaliativos

O ensino híbrido oferece aos processos de ensino diversas possibilidades de interação, o que não significa, necessariamente, no distanciamento entre o processo de ensino e o de aprendizagem em ambientes distintos, como no caso do ensino remoto ou EaD, pois na sala de aula o ensino hibrido pode ocorrer desde que seja planejado pelo educador e intermediado por ele.

Desta forma, o ensino híbrido vem emergindo como uma proposta de ensino-aprendizagem promissora e sustentável, principalmente, quando comparada às características e possibilidades educacionais realizadas em sala de aula tradicional. A sustentabilidade apontada no ensino híbrido corresponde à combinação das vantagens da educação online com todos os benefícios da sala de aula tradicional, além do mais, algumas propostas de organização da aula sob o enfoque do modelo de ensino híbrido são consideradas desobstruentes em relação às práticas educacionais da sala de aula comum, isso devido ao fato de que nos ambientes virtuais de ensino, as possibilidades de pesquisas e acesso à informação são superabundantes, todavia, frente a estas possibilidades ainda se encontram os riscos eminentes de acesso a fontes não genuínas e que podem comprometer o processo de aprendizagem, cabendo aos professores promover o devido acompanhamento.

A avaliação da aprendizagem no formato de ensino híbrido deverá ser efetivada mediante a indicação de subsídios de pesquisas *online* e sua defesa e/ou contestação mediante pontos de referências (incógnitas) que precisam ser discutidas e solucionadas pelos alunos, organizados e distribuídos em certos grupos de estudos, processo avaliativo este correspondente à avaliação comparativa e formativa (processual).

De acordo com Bacich *et al.*, (2015 *apud* SILVA, 2019):

> A avaliação da aprendizagem passa por mudanças de paradigmas centralizadas nas TDIC, permeando metodologias no contexto do ensino híbrido, na configuração da personalização. **O ensino híbrido possibilita ampliar os espaços educativos** fundamentado no espaço presencial e online, bem como agrega diferentes recursos para propiciar a aprendizagem do aluno, como vídeos, textos, imagens, leitura, áudios. Ou seja, busca unir o que há de melhor para criar inúmeras oportunidades para o aluno aprender melhor (BACICH *et al.*, 2015 *apud* SILVA, 2019, p. 14).

Deste modo, os múltiplos recursos e a configuração educacional que o ensino híbrido oportuniza ao processo de ensino-aprendizagem o contempla com novas possibilidades de efetivação dos processos de ensino, bem como fomenta a pesquisa com vistas à implementação de um processo de aprendizagem consideravelmente significativo e promissor.

Conforme apontam Barreiro-Pinto e Silva (2008), é de suma importância:

> Pensar em uma abordagem de avaliação da aprendizagem específica para a educação *online*, baseada na interatividade, em tarefas desencadeadoras de aprendizagem, em avaliação processual e na utilização de interfaces *online* que possam auxiliar o professor nessa tarefa tão importante no processo educacional (BARREIRO-PINTO; SILVA, 2008, p. 38).

Como já explanado, o processo avaliativo deve superar suas retrógradas concepções somativas e autoritárias, pois, por se tratar de diferentes ambientes de ensino, as práticas educacionais não podem ser as mesmas, não como uma analogia superficialmente comparativa, mas, sim, proporcional às necessidades de aprendizagem frente às possibilidades de ensino, isto é, adaptações dos objetivos de ensino-aprendizagem perante formatos de ensino singulares.

Avaliar remotamente: que critérios adotar para o Ensino Fundamental?

Elencar critérios avaliativos não é uma tarefa fácil, pelo menos para profissionais da educação comprometidos em promover um processo avaliativo adequado e dialógico, haja vista que "Para alcançar toda a potencialidade, o processo avaliativo precisa ser contínuo e diversificado, tanto em metodologias quanto em ferramentas. Isso se torna ainda mais importante quando falamos de ensino básico" (RABELLO, 2020, s/p), o que requer do professor um posicionamento profundo, reflexivo e crítico quanto aos seus critérios avaliativos no ensino remoto/híbrido ou, até mesmo, na EaD.

A depender das plataformas virtuais adotadas pelas escolas e dos recursos interativos e educacionais disponíveis nas mesmas, os professores podem estabelecer determinados critérios avaliativos – qualitativos – através da indução à participação e realização de atividades diversificadas, uma vez que "Por meio de fóruns de discussão, mensagens diretas e comentários durante as aulas, é possível identificar o que o estudante sabe e o que precisa aperfeiçoar" (RABELLO, 2020, s/p).

Além dos recursos oferecidos pelas plataformas de ensino, os professores podem orientar a participação dos alunos em sítios de ensino alternativos e que contemplam áreas específicas do conhecimento, além disso, estas também oferecem ferramentas avaliativas capazes de contribuir para o próprio processo de ensino-aprendizagem.

Portanto, a oferta de cursos complementares nas plataformas de ensino *online* é capaz de oferecer conteúdo sintetizado e direcionado à aprendizagem de maneira significativa, além disso, também oferecem a possibilidade de avaliações diagnósticas, formativas e somativas da jornada de estudos, possibilitando a ampliação de conhecimentos, através do direcionamento docente.

Assim, para que o docente possa avaliar, remotamente, o desempenho dos alunos, é necessário situar alguns componentes interativos capazes de registrar as participações, contribuições, dúvidas, avanços, incongruências etc., expressas pelos mesmos, de maneira recíproca (dialógica) e por meio dos recursos disponíveis, possam expressar seu protagonismo, sempre assistidos pelo olhar atento do docente.

Considerações finais

No decorrer das discussões, aqui promovidas, acerca dos processos avaliativos, realizados através do ensino remoto/híbrido, é possível inferir que os profissionais da educação que atuam na sala de aula tradicional necessitam reconhecer a imprescindibilidade adaptativa em todos os aspectos formadores do processo de ensino-aprendizagem mediante os formatos de ensino existentes e recorrentes para a efetivação da aprendizagem, ou seja, cada espaço educativo demanda do estabelecimento e cumprimento de objetivos comuns à educação, porém trilhados de maneira ambientada, em outros termos, não se deve promover o mesmo tipo de ensino de uma modalidade educacional sob a conjuntura de outra, haja vista que, conforme apresentado, cada ambiente de ensino é constituído por configurações específicas, sendo assim, o processo de ensino-aprendizagem deverá se adequar às suas possibilidades e não serem apresentadas de maneira rígidas e inflexíveis, sem que haja espaço para a expressão da aprendizagem.

Deste modo, um professor ao assumir uma postura imperativa no ensino remoto/híbrido sobre seus alunos irá oportunizar a desaprovação e não adaptação dos discentes à interação necessária em sala de aula (independentemente do espaço e do tempo, se presencial, remoto, a distância etc.), além do mais,sob essa postura, a busca pela avaliação contínua da aprendizagem torna-se depreciativa e, desta forma, não será possível conduzir o docente a refletir quanto ao seu papel no ensino remoto, bem como em sala de aula presencial, descartando-se a conscientização acerca da desnecessidade de promover expressões de cobrança sem valorizar o potencial e habilidades dos discentes.

Referências

BACICH, Lilian [*et al.*]. (orgs.). **Ensino híbrido:** personalização e tecnologia na educação. Porto Alegre: Penso, 2015.

BARREIRO-PINTO, Isabel Andréa; SILVA, Marco. **Avaliação da aprendizagem na educação *online*:** relato de pesquisa. Revista Educação, Formação & Tecnologias, vol. 1 n. 2, Novembro, 2008.

BRASIL. Decreto nº 9.057, de 25 de maio de 2017. **Regulamenta o art. 80 da Lei nº 9.394, de 20 de dezembro de 1996, que estabelece as diretrizes e bases da educação nacional.** Disponível em: https://www.in.gov.

br/materia/-/asset_publisher/Kujrw0TZC2Mb/content/id/20238603/do1-2017-05-26-decreto-n-9-057-de-25-de-maio--de-2017-20238503. Acesso em: 30 jan. 2021.

BRASIL. Ministério da Educação. Universidade Federal de Pelotas. Pró-Reitoria de Ensino. **Recomendações Pedagógicas - Ensino Remoto.** Disponível em: https://wp.ufpel.edu.br/ufpeldigital/files/2020/06/Plano-de-Ensino-CA-2020-1.pdf. Acesso em: 3 jan. 2021.

CHRISTENSEN, C. M. [*et al.*]. **Ensino híbrido:** uma inovação disruptiva? Uma introdução à teoria dos híbridos. 2013. Disponível em: https://www.christenseninstitute.org/publications/ensino-hibrido/. Acesso em: 19 jan. 2021.

DINIZ, Yasmine. **Entenda o que é avaliação formativa e como utilizá-la em sua escola** (2020). Disponível em: https://educacao.imaginie.com.br/avaliacao-formativa/. Acesso em: 15 jan. 2021.

MENDES, Marcia Lucia Forastiere; DELBONE, Euclides. **Avaliação contínua - a avaliação contínua e a prática pedagógica.** Caderno Temático. Governo do Estado do Paraná/PR, 2011.

PAIM, Ana Verena Freitas. **Atos de currículo e didática em um contexto de formação em física**. XVIII ENDIPE, Didática e Prática de Ensino no contexto político contemporâneo: cenas da Educação Brasileira, ISSN 2177-336X, 2016.

RABELLO, Maria Eduarda. **Lições do coronavírus:** os desafios de avaliar a aprendizagem remota (2020). Disponível em: https://desafiosdaeducacao.grupoa.com.br/avaliacao-a-distancia-coronavirus/. Acesso em: 6 jan. 2021.

SILVA, Maria Quinor Vicente da. **Avaliação da aprendizagem no ensino híbrido:** considerações a partir de interfaces digitais. 2019. 107f. Dissertação (Mestrado em Educação) – Centro de Educação, Universidade Federal de Alagoas, Maceió, 2019.

7

AVALIAÇÃO SOMATIVA NA EDUCAÇÃO BÁSICA:

UMA PRÁTICA A SERVIÇO DA EXCLUSÃO DISCENTE?

MARIA JANAÍNA OLIVEIRA BEZERRA

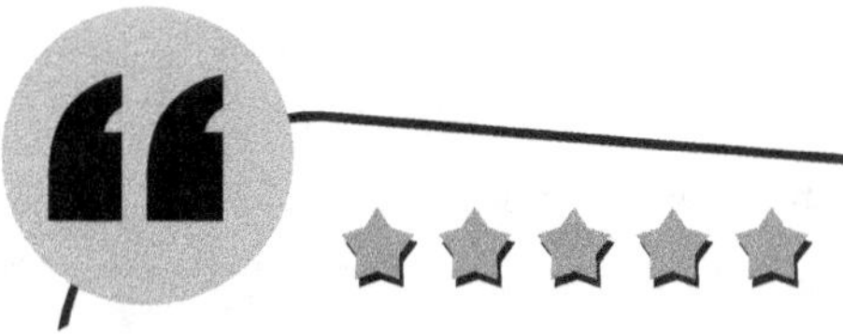

Neste capítulo, será discorrida uma discussão pertinente aos reflexos da avaliação somativa enquanto mecanismo mensurador da aprendizagem, sobrepondo-se aspectos qualitativos sobre sua integridade, implicando na sustentação de elementos burocráticos do sistema educacional em relação à efetividade do acompanhamento da aprendizagem.

Indiscutivelmente, a Educação Básica brasileira é restruturada, guiada e criticada por notas de rendimento escolar. No entanto, a polêmica em torno da classificação da aprendizagem (por meio de escores mínimos e índices de rendimento escolar) centraliza-se na forma com que a avaliação somativa tem sido posta em prática, em todas as escolas e modalidades de ensino do país.

Expressões discentes caracterizadas pela indiferença e, muitas das vezes, de repúdio à frequência escolar, atreladas a um trabalho pedagógico mecanizado e insípido, têm promovido uma verdadeira corrida para a conclusão dos estudos e egressão escolar, a todo custo, levando muitos alunos a desviarem, por completo, de suas funções estudantis, ocasionando-se, assim, à evasão, indisciplina, violência, burlo (cola), dentre outras expressões de abdicação do processo de ensino-aprendizagem.

Neste cenário de impolidez, desconsideração e antipatias, abordagens avaliativas apáticas, como, por exemplo, a avaliação somativa, acaba por consumar, negativamente, um contexto de históricos processos de exclusão, devido à falta de oportunidades educativas que deem voz e vez aos alunos que não se "encaixa" nas tradicionais e retrogradas práticas de ensino que não reconhecem o aluno enquanto protagonista do processo de aprendizagem, perenizando restrições, afligindo saberes, amordaçando-se inteligências e, acima de tudo, atrofiando mentes brilhantes.

Perspectivas acerca da avaliação somativa

Assim, como qualquer outra abordagem avaliativa promovida na Educação Básica, a avaliação somativa possui seus propósitos contribuintes ao processo educacional, todavia, o risco dessa prática avaliativa converge em práticas acomodadas pelo professor, o qual resiste, veementemente, à efetivação da proposta avaliativa, isto é, à sua conclusão, limitando-se à aplicação de testes periódicos e sem fins reveladores, mas, sim, definitivamente, conclusivos.

Para Haydt (2000 *apud* SANTOS; VARELA, 2007):

> A avaliação somativa tem como função classificar os alunos ao final da unidade, semestre ou ano letivo, segundo níveis de aproveitamento apresentados. O objetivo da avaliação somativa é classificar o aluno para determinar se ele será aprovado ou reprovado e está vinculada à noção de medir (HAYDT, 2000 *apud* SANTOS; VARELA, 2007, p. 3).

Diante da incongruente, inerte e equivocada ideologia acerca da necessidade basilar de se gerarem notas para a revelação de desempenhos e manutenção do sistema educacional – IDEB[1], SAEB[2], e outros –, a escola, muitas vezes, acaba acatando a postura docente adepta apenas a realização de provas periódicas, haja vista que, a partir destas, o fornecimento de notas estará garantida, o que acaba por se desconsiderar o processo pelo qual culminou na eclosão de tais resultados, quantificáveis em todas as etapas de ensino, conduzindo a Educação Básica nacional à estagnação suscetível à involução, pois, "A avaliação somativa da aprendizagem vem sendo denunciada como um dos principais mecanismos de seleção e de exclusão social no sistema educacional brasileiro" (LUCKESI, 2008 *apud* SILVA, 2011, p. 10).

Conforme expresso por Sacristán (1998 *apud* CARVALHO, 2013):

> É possível, neste raciocínio, defender que mesmo a avaliação somativa pode e também deve englobar uma certa preocupação em tentar ajudar o aluno a progredir; é possível avistar nesta avaliação práticas que se aproximam daquele processo designado habitualmente de avaliação formativa. No entanto, tal como vem sendo efetivada, isto é, na sua vertente classificativa, seriativa, ela tem perdido seu caráter pedagógico, reduzindo a sua função (SACRISTÁN, 1998 *apud* CARVALHO, 2013, p. 43).

---

1 Índice de Desenvolvimento da Educação Básica.

2 Sistema Nacional de Avaliação da Educação Básica.

Neste sentido, torna-se imprescindível a fomentação de políticas públicas que corroborem para o aprimoramento das práticas de ensino atuais, tendo em vista a iminente possibilidade da educação nacional andar em círculos, pois enquanto se estabelecem determinações do aspecto macro para o micro e não se investigam os contextos de ensino, a teoria continuará adornando a educação e acobertando retrógradas e estagnadoras práticas de ensino.

Monteiro (2015) explana a conjectura da aplicação da avaliação somativa na educação.

> Por fim, a avaliação somativa é utilizada de tempos em tempos, periodicamente, com o intuito de conhecer os resultados obtidos, pelos discentes, através dos instrumentos avaliativos utilizados e, desse modo, permitir que os atores sejam classificados, rotulados. A avaliação somativa prioriza os resultados, e não o processo de aprendizagem em si, sendo utilizada para certificar e comprovar se o método de ensino é ou não funcional (MONTEIRO, 2015, p. 9).

Deste modo, a avaliação somativa deveria ser acionada, sim, depois de realizados todos os processos inerentes a práticas de ensino acompanhadas pelas demais formas de avaliação (diagnósticas, formativa e comparativa), haja vista a necessidade de se desenvolver condições propícias à aprendizagem e à averiguação de êxito ou não da aprendizagem para que, assim, seja possível estabelecer uma prática avaliativa coerente com cada etapa de ensino.

Avaliação somativa na educação básica: um mal necessário?

Como visto, até o presente momento, a avaliação somativa possui faces tanto capazes de potencializar o processo de ensino-aprendizagem quanto de coagir e restringir a evolução da aprendizagem, "[...] embora a avaliação somativa tenha sofrido duras críticas, nas últimas décadas, ainda é a modalidade de avaliação mais usada pelos professores" (SILVA, 2011, p. 12).

Reduzir o aprendizado do aluno a notas é o mesmo que suprimir suas opiniões, contribuições, dúvidas, esclarecimentos, êxitos, implicações, incongruências, habilidades, estratégias, competências e inteligências a números, ou seja, um ato insensível (mesmo que necessário para suprir os sistemas de rendimento[3]), mas que é posto em primeiro plano em detrimento à realização dos princípios educacionais (ensino, sondagem, avaliação da aprendizagem) que deveriam energizar o processo de ensino-aprendizagem e não apenas serem referenciados, teoricamente. Conforme expressa Salinas (2004, p. 54), a avaliação somativa "é a normatização de

---

3 Considerado aqui enquanto o repasse de rendimentos escolares para o Ministério da Educação (Censo Escolar, IDEB etc.) em prol da implementação de políticas públicas educacionais.

um julgamento na forma de qualificação", qualificação esta estática e mensurável aritmeticamente.

Todavia, a avaliação somativa possui seu grau de contribuição, desde que seja realmente posta em prática e no sentido de identificar lacunas no processo de ensino e/ou aprendizagem promovido.

> Ainda que necessária, a avaliação somativa pode acabar, muitas vezes, tendo um caráter excludente. Ela é pontual e só avalia o resultado final, deixando de fora todo o percurso que o aluno percorreu para chegar até ele. Um aluno pode se sair bem na avaliação formativa, por exemplo, mas ficar sujeito à reprovação por não alcançar uma boa nota na somativa (LARA, 2020, s/p).

A aplicação da avaliação somativa na Educação Básica, enquanto instrumento definidor de notas, faz com que o processo de ensino-aprendizagem seja reduzido à mera, implacável e excludente testificação competitiva, onde o elemento cerne e imprescindível do processo de ensino-aprendizagem torna-se a 'aprovação a todo custo' (o que suprime a aprendizagem significativa), pois, inevitavelmente, instaura-se a "criação de hierarquias de excelência" (PERRENOUD, 1999 *apud* SILVA, 2011, p. 10), onde aqueles alunos que obtiveram as melhores notas serão classificados como inteligentes (aprovados) e aqueles que não atingirem-nas serão genericamente rotulados pejorativamente, revelando uma face obscura da avaliação somativa (quando não articulada adequadamente), a exclusão e marginalização da aprendizagem, "Por isso, é importante levar em conta não apenas a soma dos conceitos assimilados, mas de que forma esses conceitos estão inter-relacionados" (SOUZA; MENEZES, 2014, p. 167).

Stake (1982, p. 30) ressalta que [...] "É difícil distinguir entre a avaliação somativa de um componente concluído e a avaliação formativa de uma parte do programa. A distinção não é nítida". Assim, a falta de clareza entre as abordagens avaliativas expressas em diversas práticas de ensino pelo país delineia um processo de ensino-aprendizagem incoerente e vulnerável, haja vista que não é possível identificar, precisamente, o processo de ensino-aprendizagem subjacente e frente a um resultado reduzido em um número.

Avaliação somativa: burocracia e os riscos de práticas de ensino tendenciosas

Inseridos em um país em processo de desenvolvimento em todas as esferas sociais, políticas e econômicas, a educação brasileira tem demonstrado, de modo geral, demasiada expressão de inércia, constatada através dos decenais relatórios do IDEB que apontam a lamentável não obtenção das expectativas anuais para a Educação Básica, sendo, inicialmente positiva nos Anos Iniciais do Ensino Fundamental, porém regressiva nos Anos Finais e Séries do Ensino Médio, reflexo da influência de diversos fatores externos e internos à educação, sendo um deste último, a práticas afincadas de avaliações somativas intransigentes.

Segundo Conceição e Reis (2018):

> A avaliação somativa é condicionada ao sistema burocrático, é eliminatória, mas faz-se necessária, pois de acordo com o regimento de cada escola, o aluno necessita de resultados ao final de determinado período, para que assim seja promovido para o outro (CONCEIÇÃO; REIS, 2018, p. 13).

A dualidade que sonda a avaliação somativa diz respeito, principalmente, a compreensão de sua concepção e execução de suas pressuposições, pois entre a teoria e a prática, os seus resultados evidenciam uma prática totalmente discrepante e avessa à evolução da aprendizagem, valorizando-se, soberanamente, resultados ao invés do acompanhamento da aprendizagem.

Daniel (2017) destaca que:

> A avaliação somativa acredita-se ser a mais utilizada por ser necessária em registros, se tornou a queridinha dos professores, que não tem muito "trabalho", durante alguns dias aplicam o conteúdo em sala de aula e após terminar as páginas dos livros marcam a prova com algumas questões tiradas do mesmo livro didático e quem acertar tem a pontuação colocada, sendo taxados como capaz e incapaz, após apenas comunicam seus alunos do desempenho obtido e já passam para o outro capítulo do livro, para não

> perder tempo e trabalhar todos os conteúdos sugeridos (DANIEL, 2017, p. 9).

A crítica apontada pela autora supramenciona traduz, fiel e infelizmente, um cenário educacional condicionado a práticas educacionais limitadoras, indiferentes, displicentes e carregadas de sensações de enclausuramento do que de formação cognitiva, emotiva e crítica.

Mediante entrevista concebida à Revista Nova Escola (2001), Mare Abramowicz evidencia, sutil e categoricamente, que:

> É preciso analisar o processo desenvolvido em termos de ensino-aprendizagem. **A avaliação deve ser encarada como uma reorientação para uma aprendizagem melhor e para a melhoria do sistema de ensino.** Além disso, todo professor deve ficar atento aos aspectos afetivos e culturais do estudante, não só aos cognitivos (ABRAMOWICZ; NOVA ESCOLA, 2001, s/p)[4].

Implementação, reorientação, sondagem, emotividade... elementos constituintes da avaliação somativa que são, praticamente, ignorados pelo semblante quantitativo dos processos escolares que prezam, veemente, por notas e pontuações e que deixam, metaforicamente, escapar diversas possibilidades de aprendizagem devido à falta de compreensão e orientação entre docentes e discentes quanto aos papéis na escola.

4 Friso nosso.

Avaliações diagnóstica, formativa e comparativa: protagonistas ou concorrentes à avaliação somativa?

Diante da predominância de práticas avaliadoras pautadas nos aspectos superficiais da avaliação somativa, a Educação Básica brasileira evidencia a carência de práticas avaliativas que expressem maior aproximação e acompanhamento docente frente àquilo que fora teoricamente explanado durante determinado período educacional.

Neste sentido, as contribuições dos diferentes tipos de avaliação acabam sendo suprimidas sob o enfoco proeminente da avaliação somativa, não se oportunizando, assim, a apreciação e a prática dos demais tipos de avaliação, de maneira, concomitantemente, proporcional e satisfatória.

Quadro 1 – Classificação das avaliações

TIPO	ETAPA	OBJETIVOS	META
Diagnóstica	*Início do processo de ensino*	*Orientar, explorar, identificar, adaptar, predizer.*	*Conhecer as aptidões, os interesses e as capacidades e competências dos alunos para orientar o planejamento dos trabalhos futuros.*
Formativa	*Durante todo o processo de ensino*	*Situar, compreender, harmonizar, tranquilizar, apoiar, reforçar, corrigir, facilitar, dialogar.*	*Sincronizar o processo de ensino às necessidades da aprendizagem.*
Comparativa	*Durante todo o processo de ensino*	*Contrastar, verificar, confrontar, certificar.*	*Comparar o aprendizado que o aluno tinha antes com o que ele adquiriu após a aula.*
Somativa	*Término do processo de ensino*	*Verificar, classificar, situar, informar, certificar, por à prova, quantificar.*	*Observar comportamentos globais e conhecimentos adquiridos. Obter parâmetros para aprovação/reprovação.*

Fonte: Adaptado de RABELO (1998) e LARA (2021).

Silva (2014) expressa que todos os tipos de avaliações, bem como própria avaliação formativa, devem articular-se sem expressões de soberania ou exclusão, mas, sim, promovidas de igual proporção.

> A avaliação formativa deve ser contínua, isto é, acontecer **ao longo do ensino** e **não no final de uma dada etapa**. Deve incluir também a **forma diagnóstica**, ou seja,

feita **no tempo adequado** para orientar o desenvolvimento do processo de ensino, **e não quando já não dá mais para "voltar atrás"** (SILVA, 2014, p. 28)[5].

Destarte, a articulação bem planejada entre os diferentes tipos de avaliação da aprendizagem requer da mobilização docente em massa para que o processo de ensino-aprendizagem alavanque seus índices qualitativos de aprendizagem, porém isso apenas acontecerá quando todos os agentes escolares compreenderem que todos os tipos de avaliação são contestáveis, menos a certeza de que um voto sincero de confiança na capacidade cognitiva de um aluno vale mais do que qualquer nota 10.

Considerações finais

A Educação Básica brasileira tem sido apontada por diversos indicadores como sistema deficitário e vulneráveis em diversos aspectos, porém nenhum deles revela os aspectos intrínsecos e qualitativos que descreveriam todas as lacunas e mazelas existentes no meio educacional brasileiro. SAEB, Provinha Brasil, ANEB[6], ANRESC[7] (Prova Brasil), ANA[8], Olímpiadas

5 Friso nosso.

6 Avaliação Nacional da Educação Básica.

7 Avaliação Nacional do Rendimento Escolar.

8 Avaliação Nacional de Educação/Avaliação Nacional da Alfabetização.

Educacionais, ENEM[9] e IDEB, todas realizadas pelo Instituto Nacional de Estudos e Pesquisas Educacionais Anísio Teixeira (INEP), giram em torno de notas e porcentagens, confirmando a constatação de que um aluno é um número, uma equação sujeitada ao enigmatismo e que conclui sua formação básica, de forma conturbada e sem segurança cognitiva, frente aos desafios avaliadores que o futuro o reserva (vestibulares, ENEM, concursos públicos etc.).

Para um sistema educacional que, periodicamente, é contemplado por atualizações, como a homologação de leis, decretos, normas, diretrizes, bases, mas, que devido à morosidade, à burocratização de desempenhos e à retrógrada necessidade por notas acabam por obscurecer e perpetuar práticas de ensino que não são capazes de viabilizar um aprendizado significativo, pois o elemento privilegiado do atual formato da Educação Básica brasileira pauta-se em notas finais e na crescente e difundida concepção de que "quem não cola não sai da escola".

Referências

ABRAMOWICZ, Mere. Um reflexo fiel da escola: articulada ao projeto pedagógico, a avaliação da aprendizagem deve ser negociada com alunos e ir além do aspecto cognitivo. [Entrevista concedida à Denise Pellegrini]. **Revista Nova Escola** (2001). Disponível em: https://novaescola.org.br/conteudo/912/um-reflexo-fiel-da-escola. Acesso em: 22 jan. 2021.

---

9 Exame Nacional do Ensino Médio.

CARVALHO, Rosenei Bairros de Freitas. **Avaliação para a aprendizagem:** a articulação entre ensino, aprendizagem e avaliação (Mato Grosso - Brasil). 2013. 329f. Tese (Doutorado em Educação) – Instituto de Educação, Universidade de Lisboa, Portugal, 2013.

CONCEIÇÃO, Joicyara Nascimento; REIS, Miralva de Jesus. **Avaliação:** suas modalidades e o reflexo no ambiente escolar (2018). Disponível em: https://multivix.edu.br/wp-content/uploads/2018/12/avaliacao-suas-modalidades-e-o-reflexo-no-ambiente-escolar.pdf. Acesso em: 31 jan. 2021.

DANIEL, Paula Dell'anhól. **Metodologias de avaliação e suas relações na qualidade do processo de ensino e aprendizagem em matemática.** Revista Eletrônica Científica Inovação e Tecnologia, ISSN:2175-1846, v. 8, n. 16, 2017.

HAYDT, Regina Cazaux. **Avaliação do processo ensino-aprendizagem.** São Paulo: Ática, 2000.

LARA, Studos. **Conheça os 4 tipos de avaliação escolar** (2020). Disponível em: https://studos.com.br/conheca-os-4-tipos-de-avaliacao-escolar/. Acesso em: 18 jan. 2021.

LIJCKESI, Cipriano Carlos. **Avaliação da aprendizagem escolar:** estudos e proposições. São Paulo: Cortez, 2008.

MONTEIRO, Marcio de Oliveira. **Crítica às práticas de avaliação nas redes públicas de ensino.** Revista Transformar, 2175-8255, 7. ed., 2015.

PERRENOUD, Philippe. **Avaliação:** da excelência à regulação das aprendizagens - entre duas lógicas. Tradução de Patrícia Chittoni Ramos. Porto Alegre: Artmed. 1999.

RABELO, Edmar Henrique. **Avaliação:** novos tempos novas práticas. Rio de Janeiro: Vozes, 1998.

SACRISTÁN, J, G. Avaliação no ensino. In: SACRISTÁN, G. J. ; PÉREZ, G. A. I. *In*: **Compreender e transformar o ensino.** Porto Alegre: Artmed, 1998.

SANTOS, Monalize Rigon da; VARELA, Simone. **A avaliação como um instrumento diagnóstico da construção nas Séries Iniciais do Ensino Fundamental.** Maringá-PR Ano I, n.1, ago-dez. 2007. Disponível em: https://web.unifil.br/docs/revista_eletronica/educacao/Artigo_04.pdf. Acesso em: 10 jan. 2021.

SILVA, Denise Prado da. **A avaliação somativa nas sequências didáticas para o oral e a escrita em português.** 2011. 113f. Dissertação (Mestrado em Letras) – Instituto de Letras e Comunicação, Universidade Federal do Pará, Belém, 2011.

SILVA, Nilson de Matos. **Avaliar é preciso?** Notas para reflexão do professor de matemática da educação básica / Nilson de Matos Silva. Ouro Preto: Ed. UFOP, 2014.

SOUZA, Tito Eugênio Santos; MENEZES, Afonso Henrique Novaes. **Avaliação em educação a distância:** concepções e possibilidades. Revista de Educação da Universidade Federal do Vale do São Francisco (REVASF), ISSN 2177-8183, Petrolina, PE, vol. 4, n. 6, pp.158-170, dez. 2014.

STAKE, Robert. *In*: GOLDBERG, Maria Amélia Azevedo; SOUSA, Clarilza Prado. (org.). **Avaliação de programas educacionais:** vicissitudes, controvérsias e desafios. São Paulo: EPU, 1982.

8

AVALIAÇÃO EDUCACIONAL TRADICIONAL:

INSTRUMENTO A FAVOR OU ARTIFÍCIO CONTRA OS ALUNOS?

DANIELE TAVARES DE MIRANDA CORREIA
ROBSON JOSÉ DE MOURA SILVA
JACQUELINE FONSECA DE QUEIROZ
PATRÍCIA NONNENMACHER

Neste capítulo, será discutida a adoção da avaliação enquanto mecanismo de regulação da aprendizagem sob o enfoque de diversas influências administrativas sobre o processo de ensino-aprendizagem, bem como os reflexos destes sobre o desenvolvimento do campo educacional moldado sob os prismas políticos, econômicos e sociais divergentes.

Com o objetivo de implementar e potencializar, cada vez mais, políticas públicas de qualidade, a avaliação educacional vem ganhando espaço de discussão em diversos discursos, a fim de detectar potenciais deficiências em diversos setores, principalmente em seus planejamentos pedagógicos, econômicos e sociais. No contexto educacional, a pauta de esforços e discussões é evitar uma avaliação "classificatória e excludente" considerando a evolução social e educacional requerida nestes novos tempos.

A concepção de avaliação ainda deriva primariamente na atribuição de notas e/ou conceitos, em períodos específicos (geralmente bimestralmente), muitas vezes desconsiderando o processo de ensino e aprendizagem em detrimento das habilidades adquiridas, considerando o estudante como ser integral: cognitivo, físico e emocional.

Em diversos contextos educacionais, é possível constatar que a avaliação da aprendizagem adquire uma configuração discrepante quanto ao seu propósito genuíno, isto é, tal processo é promovido de maneira extremamente imponente, o que acaba obscurecendo e sobrepondo-se aos objetivos de aprendizagem, os quais, sim, deveriam estar em evidência continuamente.

Dilemas de avaliações estáticas

Luckesi (1998) deixa claro que os professores fazem o seu trabalho mecanicamente, e sobre alguns problemas da avaliação praticada em sala de aula diz:

> Um educador, que se preocupe com que a sua prática educacional esteja voltada para a transformação, não poderá agir inconsciente e irrefletidamente. Cada passo de sua ação deverá estar marcado por uma decisão clara e explícita do que está fazendo e para onde possivelmente está encaminhando os resultados de sua ação. A avaliação, neste contexto, não poderá de ser uma ação mecânica. Ao contrário, terá de ser uma atividade racionalmente definida, dentro de um encaminhamento político e decisório a favor da competência de todos para a participação democrática da vida social (LUCKESI, 1998, p. 46).

Assim, avaliar para uma turma heterogênea, considerando-se as especificidades e potencialidades de todos os alunos, requer muito mais que um conceito ou uma nota bimestral, mas a participação de todos os atores pedagógicos, buscando resolver problemas, aliando diversas metodologias numa tomada de decisão que prima concomitantemente uma autoavaliação tanto de quem ensina quanto de quem aprende.

Notamos também que a partir dos anos 90 do século XX, o Brasil começa a investir, maciçamente, na criação de um instrumento de avaliação universitária, o Programa de Avaliação Institucional das Universidades Brasileiras (PAIUB). Com a entrada de Fernando Henrique Cardoso como presidente da república, assume a pasta do Ministério da Educação e Cultura (MEC) Paulo Renato Souza. Vários instrumentos de controle e avaliação dos processos educacionais são colocados em prática. Entre eles o Exame Nacional de Cursos (ENC) - provão - criado pela lei 9.131/95. O provão tinha por objetivo alimentar os processos de decisão e de formulação de ações voltadas à melhoria dos cursos de graduação. Visava-se a obtenção de dados informativos que refletissem, assim, na propensão de seus proponentes, quanto à realidade do ensino. A Secretaria de Ensino Superior (SESu/MEC) deveria utilizar os resultados do Exame Nacional para orientar suas ações no sentido de estimular e fomentar iniciativas voltadas para a melhoria da qualidade do ensino. Já o Exame Nacional do Ensino Médio (ENEM) teria como finalidade fornecer ao aluno concluinte do Ensino Médio referências para autoavaliação, a partir das competências e habilidades que estruturavam o exame.

A criação das novas formas de avaliação veio ao encontro da avaliação classificada como *Accountability*[1], que teve forte expressão no sistema de avaliação adotado na Inglaterra na década de 80 do século passado, pelo governo de Margareth Thatcher, com o objetivo de levar as instituições educacionais de seu país a demonstrar responsabilidade, ou seja, prestar contas de seus resultados.

Diante desse contexto, percebe-se que a avaliação se torna um grande instrumento de diagnóstico e replanejamento de ações intersetoriais em busca de uma certificação de qualidade e de *feedback* com o objetivo de repactuar estratégias e ações inclusive ligadas ao controle para justificar novos empréstimos ao Banco Mundial (BM).

Avaliação e planejamento escolar

A avaliação da aprendizagem, continuamente, emana inspiração de diversos pesquisadores, estudiosos e autores a debruçarem-se sobre o tema, o que, naturalmente, eclode em distintas expressões, mas que comungam da mesma fonte, evidenciando múltiplos pontos de vista e oferecendo concepções

---

1 Conceito da esfera ética com significados variados. Frequentemente é usado em circunstâncias que denotam responsabilidade social, imputabilidade, obrigações e prestação de contas. Na administração, a *accountability* é considerada um aspecto central da governança, tanto na esfera pública como na privada, como a controladoria ou contabilidade de custos.

que se aproximem aos leitores de uma compreensão plena acerca de seu objeto de estudo, a avaliação da aprendizagem.

Oliveira (2015) reforça essa concepção, ao evidenciar que:

> A avaliação como parte integrante do processo de ensino-aprendizagem, visando à melhoria da aprendizagem, é, portanto, uma bandeira defendida por vários estudiosos do tema, apesar de utilizarem nomenclaturas diferenciadas, tais como: *avaliação formativa* (HADJI, 2001; PERRENOUD, 1999); *avaliação mediadora* (HOFFMANN, 1996); *avaliação como ato amoroso* (LUCKESI, 2001); avaliação dialógica (ROMÃO, 1998); e *avaliação contínua* (VASCONCELLOS, 2000) (OLIVEIRA, 2015, p. 35).

Não obstante, Charles Hadji (2001, p.32) é taxativo ao afirmar que “A avaliação é tão importante que o planejamento escolar deveria começar por ela”. Este é um argumento da importância da avaliação no planejamento escolar da educação ou de qualquer outro sistema que venha a ser utilizado. Diante deste arcabouço de discussão, surgem algumas inquietações: será que a Avaliação Educacional é ainda utilizada como instrumento de classificação? Como instrumento de Punição? Como Instrumento de Seleção Social? Como instrumento de formação? Será que os professores estão preparados para enfrentar uma mudança radical em sua forma de trabalho? Será que o professor tem consciência de que o resultado de sua avaliação tem influência na parte afetiva dos alunos e em seu processo de formação? Será que o que o professor faz é realmente avaliação? Ou será que as ações pedagógicas que o professor realiza conferem à mensuração? Ou será que o professor avalia o desempenho do aluno apenas em um determinado momento?

Não temos a intensão de esgotar discussões que possam responder a todos estes questionamentos, contudo refletir que tais indagações remetem a maneira de como o sistema educacional brasileiro está organizado e como este está sendo conduzido, desde o planejamento das ações, resultado e repactuação dos indicadores de avaliação na práxis docente e discente. Pois não é possível estudar ou compreender a função da avaliação sem entender a prática pedagógica, pois é através dela que percebemos mais claramente como principal instrumento, que cumpre o papel essencial nas políticas que visam à consolidação e/ou transformação da educação amplamente considerada.

Articulação pedagógica e avaliação: faces de uma mesma moeda

Para Hadji (2001, p. 27), "Avaliar não é medir, mas confrontar um processo de negociação". Medir significa atribuir número a um acontecimento. Implica em que o acontecimento possa ser apreendido sob uma única dimensão, isolável, capaz de receber uma "escala numérica". Assim, a medida se transforma em uma medida quantitativa da realidade e é expressa em uma escala numérica. A avaliação, pelo menos, na sua forma dominante de prática de notação, não equivale precisamente a atribuir número a coisas. Aparentemente existe aí a origem de uma ilusão, entre as operações de medida e de notação, e a ideia subjacente é: "Avaliação é uma medida do desempenho do aluno".

Assim, é bem verdade, que a "Avaliação Educacional" engloba mais de uma dimensão da educação pretendendo assim verificar o mérito da Educação em diversos aspectos.

Avaliação: mecanismo de controle ou formação?

Por volta de 1880, as influências burguesas no campo pedagógico tornam-se uma realidade. Através da escola "laica" aparecia o controle do ensino. Mas ao lado desta, surge outro pensamento: o da reforma didática, afirmando que o núcleo dos problemas estava no aspecto cultural. Era a corrente doutrinária, por oposição à metodológica.

Junto a estas transformações sociais e educacionais durante o período da nova educação, surge em definitivo a ferramenta avaliação como instrumento de verificação da aprendizagem e de controle. Surgem pedagogos e educadores interessados em que todos tenham acesso ao bem público (conhecimento, saber).

O Estado cria leis e institui o ensino público gratuito. Como todos passam a ter direito à escola gratuita, aparece também "a mobilidade", ou seja, as pessoas poderiam galgar postos superiores dentro da escala social. Com isto, e em contrapartida, as classes dominantes sentem a necessidade de criar instrumentos e mecanismos mais precisos e objetivos, técnicos e imparciais que viessem a justificar a desigualdade social, através da desigualdade escolar, e que fossem legitimados por aqueles que se encontravam em posição desfavorável.

Para Dias Sobrinho (2003):

> Toda avaliação tem um forte significado político e uma importante dimensão ética, não apenas técnica. Ela sempre se reproduz num espaço social de valores e disputas de poder, que, aliás, constituem o centro das discussões públicas que a seu respeito se instauram. Para além dos problemas técnicos, são os sentidos éticos e políticos das concepções da educação (DIAS SOBRINHO, 2003, p. 36).

Assim, temos que reconhecer o poder da avaliação como instrumento de transformação social e educacional que em última instância se caracteriza pela tomada de decisão e autoconhecimento dos atores envolvidos. Em contrapartida, essa avaliação é entendida como mecanismo de controle e regulação do Estado, não só do Ensino Superior, mas da Educação Básica.

Com a efetiva influência da economia sobre o sistema educacional, a avaliação passa a ter forte relação com a regulação e a prática de mercado, sendo assim, impostos à educação a exigência de maior regulação e a utilização desta enquanto mecanismo de mensuração da eficácia e da prestação de contas. Em virtude disso, ganhou muita força nos processos do Estado Avaliador, como "*accountability*", isto é, passa a ter a obrigação de estar provando que os resultados obtidos e mensurados correspondem a certos padrões externamente convencionados.

Neste contexto, Dias Sobrinho (2003) escreve:

> A avaliação educativa não pode se confundir com a prestação de contas, com a mensuração e muito menos com o mero controle. Sua intencionalidade é radicalmente distinta da simples regulação. [...] e até mesmo em determinados âmbitos acadêmicos se dá o equívoco, carregado de pesadas consequências, de identificar-se avaliação com medida de controle (DIAS SOBRINHO, 2003, p. 39).

Nesse sentido, a avaliação é o instrumento mais utilizado por governos para modelar o sistema e assim, a avaliação vem perdendo em princípio a sua função educativa. Ela passa a ter a função de responsabilidade do Estado enquanto diagnóstico e controle da qualidade da educação, financiamento e repactuação de metas e estratégias que irão refletir no Plano Nacional de Educação (PNE) e nos Planos Municipais de Educação (PME).

Nessa perspectiva consegue-se vislumbrar que a utilização da avaliação já deveria ser utilizada para levantamento de dados e diagnósticos, para futuros planejamentos e replanejamento do currículo escolar, bem como a forma de trabalho do professor com relação ao aluno, e ao seu trabalho (metodologia e didática) em sala de aula. Esta forma de trabalho tirava parte do poder do professor de julgar o aluno conforme seu juízo e ótica, trazendo a responsabilidade para o campo do saber, ou seja, a função do professor deveria ser realmente a de desenvolver a aprendizagem significativa para o aluno trabalhar a aprendizagem e as dificuldades.

Assim, um dos focos que queremos refletir é acerca da avaliação formativa, que segundo Hadji (2001), é todo o processo que ajuda o aluno a aprender e a se desenvolver, que participa da mediação das aprendizagens e do desenvolvimento, no sentido de um projeto educativo. Neste contexto, podemos perceber que existem várias formatações para realização da avaliação, no entanto, é importante definir qual seu objetivo, ou seja, se será apenas uma mera medida ou um referencial para contribuir em futuras aprendizagens.

Ainda segundo Hadji (2001):

> A mudança de uma avaliação normativa para a formativa implica necessariamente numa modificação das práticas realizadas pelo professor em compreender que o aluno deve ser não só o ponto de partida, mas, também o de chegada. E seu progresso só

> pode ser percebido quando comparado com ele mesmo: Como estava? Como está? Neste sentido e contexto, as ações desenvolvidas entre as duas questões compõem a avaliação formativa (HADJI, 2001, p. 23).

Neste sentido, continua sendo um grande desafio evitar que a avaliação formativa seja um exercício puramente formal e que de fato exerça a função de diagnosticar as lacunas de aprendizagem dos estudantes. Fundamenta-se na aprendizagem significativa e funcional que se aplica em diversos contextos e se atualizam o quanto for necessário para que o estudante continue avançando em seu processo de aprendizagem, progredindo na sua formação de maneira integral. Portanto, a avaliação só será formativa se esta servir para que o estudante evolua em seu processo de aprendizagem, superando as lacunas, estabelecendo uma relação reflexiva no que e como está sendo aprendido, e não apenas para classificar, punir ou selecionar.

Na avaliação formativa nenhum instrumento pode ser descrito como prioritário, único adotado como modelo. A diversidade é o que irá proporcionar ao professor possibilidades para que a avaliação seja processual, contínua e consequentemente sistematizada. Ela só será formativa se ao estudante for comunicado o resultado. Porém o resultado pelo resultado não caracteriza um processo avaliativo.

Considerações finais

Torna-se importante refletir sobre a realidade e os mitos que cercam o conceito de avaliação escolar para quem trabalha com educação, ou seja, a importância desta no cotidiano da sala de aula, como ferramenta propositiva no processo de ensino-aprendizagem.

Fica claro que em sua trajetória histórica, ela não foi muito positiva, principalmente nos aspectos que compõem o campo de formação integral do ser humano, voltado para a ética, para a política e para o processo de autonomia. A avaliação, na maioria das vezes, foi e tem sido utilizada para demonstração de poder, força e controle. E torna-se importante que os professores reflitam sobre a avaliação numa perspectiva formativa e a utilizem como ferramenta de diagnóstico e relacionamento entre ele e o estudante, assumindo assim um perfil de ressignificação da prática pedagógica em detrimento dos avanços ou lacunas de aprendizagem apresentadas. Desta forma, a avaliação escolar deixaria de ser um instrumento de seleção social, exclusão, classificação e/ou punição.

Referências

BRASIL. Lei nº 9.131, de 24 de novembro de 1995. **Altera dispositivos da Lei nº 4.024, de 20 de dezembro de 1961, e dá outras providências.** Disponível em: http://www.planalto.gov.br/ccivil_03/leis/l9131.htm. Acesso em: 12 jan. 2021.

DIAS SOBRINHO, José; RISTOFF, Dilvo I. **Avaliação e compromisso público:** a educação superior em debate. Florianópolis: Insular, 2003.

HADJI, Charles. **Avaliação desmistificada.** Porto Alegre: ARTMED, 2001.

LUCKESI, Cipriano. **Avaliação da aprendizagem escolar**. Cortez: São Paulo, 1998.

MÉNDEZ, Juan Manuel Álvarez. **Avaliar para conhecer; examinar para excluir.** Porto Alegre: ARTMED, 2002.

OLIVEIRA, Sandra Maria Coêlho de. **Avaliação formativa como regulação da aprendizagem:** desafios para a práxis no ensino médio da rede pública estadual de fortaleza - uma análise fenomenológica. 2015. 257f. Tese (Doutorado em Educação Brasileira) - Faculdade de Educação, Universidade Federal do Ceará, Fortaleza, 2015.

IMPLICAÇÕES ACERCA DA AVALIAÇÃO DA APRENDIZAGEM NO ENSINO FUNDAMENTAL:

DISCUSSÕES NECESSÁRIAS

MARIA TEREZA DE SOUZA

Neste capítulo, a temática cerne a ser apresentada e discutida volta-se à apreciação das práticas avaliativas educacionais enquanto metodologias pertinentes, plausíveis e indissociáveis da consecução de resultados na Educação Básica, entretanto, também, encontram-se sujeitas a falhas, lacunas e críticas imperativas que evidenciam uma emergente necessidade de renovação.

O discurso pautado na relevância da avaliação da aprendizagem na Educação Básica brasileira dar-se diante do fato de que tal ação pedagógica está imbuída de diversas contribuições, desde que quando promovida de maneira adequadamente reflexiva e coordenada, onde a superficialidade dos processos avaliativos (geração de notas e classificação e exclusão de alunos) não seja a sua principal impressão formativa.

Os processos avaliativos propostos à Educação Básica brasileira expressam um forte dualismo quanto ao que se refere à prática e validação de concepções e determinações teóricas emergentes ao processo de ensino-aprendizagem, expressando, principalmente, forte resistência quanto à conversão de perspectivas, sobressaindo-se o empirismo que, muitas das vezes, está centrado no anacronismo das práticas de ensino.

Avaliações dos processos de ensino-aprendizagem devem servir para todos os sujeitos envolvidos em tal processo enquanto parâmetro norteador de práticas de ensino que vislumbrem novas possibilidades para o exercício da docência e delineiem estratégias de ensino que possam convergir no êxito da aprendizagem e, consequentemente, em desempenhos escolares promissores.

Avaliação da aprendizagem: ontem, hoje e... Amanhã

Elucidar a temática referente à avaliação da aprendizagem na Educação Básica significa resgatar concepções edificadoras do ato educativo, revelar expressões contraproducentes da má interpretação conceptiva educacional, identificar condutas relativas à abdicação de saberes teóricos e, ainda, deflagrar a falta de formação instrutiva capaz de munir os professores e demais profissionais da educação de conhecimentos imprescindíveis ao exercício da docência, em sua plenitude, convicção e legitimidade.

Assim, durante séculos, após a estruturação da escola como a conhecemos hoje, com a disposição de espaços, subsídios estruturantes e funções educativas basilares, este último tendo sofrido diversos clamores sociais, políticos e intelectuais em prol de novas ressignificações e compatibilidade proposital, bem como o próprio processo avaliativo que, mesmo diante de contínuos ordenamentos de preceitos legais, ainda expressa características pragmáticas de um pretérito que se perpetua e se mantem permanente e inflexível.

Rossato (2004 *apud* RANGEL, 2008) destaca que:

> A avaliação passou a ter uma forma mais estruturada a partir do século XVIII, quando

> as primeiras escolas modernas começaram a ser formadas e os livros passaram a ser mais acessíveis através das bibliotecas. Nesta época a concepção de **avaliação** estava totalmente atrelada à aplicação dos exames, e consequentemente, **relacionada somente** às **idéias de notação e controle** (ROSSATO, 2004 *apud* RANGEL, 2008, p. 9)[1].

O ato de ensinar instrutivamente alguém é inato à reciprocidade do convívio entre seres humanos em sociedades, isto é, independentemente de idioma, etnia, cultura ou crença uma das funções existenciais do homem é repassar informações essenciais e já aprendidas em sua vida para outrem, as quais visem, de certa forma, a emancipação da autonomia daqueles que, geralmente, são mais jovens e sob sua guarda, configurando-se no ato do ensino-aprendizagem formal, não formal e informal e que tem sido realizado em todas as sociedades em seus lares, escolas e comunidades.

No entanto, tratando-se, especificamente, do ato (processo) de ensino-aprendizagem no ambiente escolar, constata-se expressiva tendência ao obsoletismo de práticas tanto de ensino quanto de avaliação defendidas e executadas sob a égide de uma concepção irrefutável de aprendizagem fundamentada, principalmente, por sentidos absolutistas e antidemocráticos, ou seja, enquanto a evolução da história humana em sociedade propiciou avanços no modo de vida dos indivíduos a

1 Friso nosso.

escola acabou por blindar a formação dos sujeitos em um invólucro circulatório que, periodicamente, camufla velhas práticas de ensino sob justificativas teóricas visionárias, porém que não evidenciam avanços significativos na aprendizagem, principalmente, quanto ao que se refere à aplicabilidade dos saberes adquiridos na escola para a vida em sociedade.

Cada sociedade, dentro de seus contextos culturais, históricos e políticos específicos, desenvolveu propostas de ensino compatíveis com suas necessidades e, mediante diversas manifestações de êxito educacional, logo tais propostas foram difundidas pelo mundo, todavia o fato do sucesso de uma proposta educacional ter sido constatada em uma determinada nação não significa necessariamente que tal pressuposição possa acontecer de igual forma apenas através da adoção da mesma como incontestável, tal situação acabou condicionando diversos sistemas educacionais pelo mundo à estagnação, como o caso do sistema educacional brasileiro que, por mais que tenha passado por significativas tentativas de autossuficiência, acaba por ser, atualmente, referenciado como um dos piores do mundo, segundo pesquisas vinculadas à ONU[2], como, por exemplo, "Dados do Programa das Nações Unidas para o Desenvolvimento mostram que o país recuou da 79ª posição em 2018 para a 84ª em 2019[3]".

---

2 Organização das Nações Unidas.

3 VENTURA, Manoel. IDH: Brasil cai cinco posições no ranking da ONU com estagnação na educação Jornal O Globo (2020).

> A avaliação da aprendizagem, inspirada em modelos importados e muitas vezes atrasados e obsoletos, não tem resolvido os problemas de repetência, de evasão e fracasso escolar verificados nas escolas de ensino fundamental e médio. As estatísticas oficiais fornecem indicadores alarmantes dos índices de repetência, principalmente nas series iniciais (SILVA, 1998 *apud* PERUCI, 2012, p. 11).

A postura cuja a qual os governos brasileiros têm expressado nos últimos cinco séculos é de passividade quanto à adoção de propostas educativas que sempre excluíram os indivíduos que não se enquadrassem nos mesmos, isto é, desde a Missão Jesuíta do Século XVI à Base Nacional Comum Curricular, busca-se modelos prontos de ensino, passivos de algum ajuste adaptativo, mas que, de fato, não foram capazes de ascender a sociedade brasileira, como um todo, a sair do eterno *status* de país subdesenvolvido.

Por que avaliar na Educação Básica?

Através do contato com as contribuições de teóricos, pesquisadores e autores da área educacional, nota-se que avaliar é um dos diversos processos educacionais, porém, na Educação Básica brasileira, a avaliação tem ganhado contundente destaque tanto conceptivo quanto, lamentavelmente, contraproducente, haja vista que diante da inversão de seus conceitos teóricos e objetivos práticos, a avaliação adquiriu o papel de divisora de águas e o professor de carrasco.

Frente às determinações da Lei de Diretrizes e Bases da Educação Nacional (LDB), de 1996, o processo educacional avaliativo e formativo deve fundamentar-se sob as seguintes convicções normativas:

> **V - a verificação do rendimento escolar observará os seguintes critérios:**
>
> a) **avaliação contínua e cumulativa do desempenho do aluno**, com prevalência dos aspectos qualitativos sobre os quantitativos e dos resultados ao longo do período sobre os de eventuais provas finais;
>
> **b) possibilidade de aceleração de estudos** para alunos com atraso escolar;
>
> c) possibilidade de avanço nos cursos e nas séries mediante verificação do aprendizado;
>
> d) **aproveitamento de estudos** concluídos com êxito;
>
> e) obrigatoriedade de estudos de **recuperação**, de preferência paralelos ao período letivo, para os casos de baixo rendimento escolar, a serem disciplinados pelas instituições de ensino em seus regimentos;

Soberanamente, a LDB/96 evidencia a necessidade de se desenvolver práticas educacionais avaliativas sob o enfoque dos aspectos qualitativos sobre os quantitativos, todavia, a subjetividade de tais recomendações esbarra em práticas de ensino que ignoram ou desconhecem os próprios termos da lei, o que acaba gerando um ambiente de ensino guiado e regrado por ideologias, pessoalidades, superstições e imprecisões.

Assim, para Costa *et al.*, (2016):

> A avaliação da aprendizagem é definida legalmente como um processo contínuo, que ocorre durante todo o desenvolvimento educacional, e também um processo sistemático que requer uma organização prévia. Seguindo esta premissa deve privilegiaros aspectos qualitativos, ou seja, almejar inicialmente a aprendizagem integral do aluno e não apenas a sua qualificação (HOFFMANN, 2010). Entretanto em diversas instituições a avaliação é planejada de forma tradicional com viés exclusivamente classificatório, objetivando apenas a segregação de alunos, entre "melhores" e "piores". Entretanto, as discussões e estudos que englobam a avaliação, têm ocasionado novas perspectivas para superar esse viés [...] (COSTA *et al.*, 2016, p. 5).

Conforme exposto, a teoria educacional não coaduna às práticas escolares, observa-se a austeridade docente sem o embasamento teórico que qualifique uma prática educativa coerente legitimamente concebível e capaz de promover a progressividade necessária ao desenvolvimento do processo de ensino-aprendizagem de maneira natural e linear.

Para tanto, avaliar não pode se resumir a fixação de notas, mas, sim, ao acompanhamento de todo o percurso pelo qual alunos e professores caminharam durante a execução de propostas educacionais e, a partir disso, poder promover uma avaliação integral e compatível com a realidade dos fatos.

Planejamento e avaliação da aprendizagem

Os resultados advindos dos processos avaliativos, propostos nos planejamentos escolares, deveriam, teoricamente, evidenciar aos agentes de ensino as adversidades obstrutoras da aprendizagem e, a partir delas, poderem contar com subsídios à postulação de novas abordagens de ensino voltadas à superação de tais objeções.

Contudo, Lordêlo *et al.*, (2010) ressalva que:

> Para assumir compromisso com uma educação de qualidade, capaz de fazer a diferença na vida de seus alunos em termos pessoais, morais, intelectuais e sociais, é preciso analisar criticamente os aspectos mais marcantes do contexto educacional no qual estão inseridos escolas e alunos (LORDÊLO *et al.*, 2010, p. 13).

Sendo assim, um planejamento escolar que não esteja vinculado à realidade dos contextos sociais de sua comunidade escolar não conseguirá estabelecer a reciprocidade entre o ensino e a aprendizagem, haja vista que o distanciamento, principalmente, teórico, se apresentará como uma espeça cortina de fumaça que irá isolar tanto alunos de professores quanto alunos do progresso em suas aprendizagens, além do mais, "É preciso verificar em que condições esses alunos e professores se relacionam e constroem seus conhecimentos e opiniões" (LORDÊLO *et al.*, 2010, p. 14), isto é, se os contextos não são favoráveis a essa proposta de interação pouco ou nada será possível contribuir à formação integral dos alunos, estando eles e os professores sendo obrigados a frequentarem o mesmo espaço de maneira incrédula e improdutiva.

Através da concepção de Premebida (2009) é possível constatar que:

> A relevância da avaliação da aprendizagem refere-se ao fato de que esta não pode constituir-se apenas como forma de verificar o que o aluno aprendeu e sua capacidade de utilizar os conhecimentos adquiridos em novos contextos, mas sim como parâmetro para avaliar a atuação do próprio docente, uma vez que a escola é a instituição social que tem como responsabilidade a democratização dos conhecimentos produzidos historicamente (PREMEBIDA, 2009, p. 2).

Para tanto, o processo avaliativo educacional não deve assumir nem se aproximar dos objetivos que uma avaliação classificatória teria em sociedade, como, por exemplo, ao analisar o desempenho de esportistas, de atores e atrizes em uma peça de teatro, em um concurso de música etc., pois o que se deve contemplar na avaliação da aprendizagem são os desempenhos, avanços e dúvidas dos alunos frente à aquisição de novos e essenciais saberes e os reflexos desses para fomentar propostas curriculares, cada vez mais, adequadas e compatíveis, pois "Pensar a avaliação e seus processos no âmbito das reflexões acerca do currículo escolar reveste-se de grande importância pelas implicações que podem ter na formação dos estudantes" (RIOS; CASSUNDÉ, 2016, p. 102).

Avaliação: por um ato não decisivo

"Se na teoria a avaliação possui tamanha importância e significado, na prática não deveria ser diferente. Porém, apesar de sua relevância social, sua idealização está razoavelmente distante da realidade" (LORDÊLO *et al.*, 2010, p. 14). Por que é tão difícil avaliar como é, teórica e legalmente, prescrito? O que falta para os educadores de todo país reconhecerem e assumirem o fato de que sem a promoção de uma avaliação da aprendizagem compatível com as práticas e possibilidades de ensino os resultados de desempenho dos alunos não serão satisfatórios? Qual o papel da gestão escolar frente a estes desafios?

Todavia, não se almeja aqui esgotar a discussão quanto às incógnitas supracitadas, mas, sim, evidenciar, mormente, a gênese da estagnação do processo de ensino-aprendizagem, seus reflexos e consequências em curto e longo prazo na vida dos alunos.

Para Luckesi (2003, p. 85), "a avaliação subsidia decisões a respeito da aprendizagem dos educandos, tendo em vista garantir a qualidade do resultado que estamos construindo. Por isso, não pode ser estudada, definida e delineada sem um projeto que a articule".

Assim, os resultados de desempenho dos alunos revelam, intrinsicamente, tanto seus esforços quanto evidenciam a diligência dos professores quanto à dedicação e averiguação da aprendizagem, ao mesmo tempo em que "[...] a avaliação, enquanto processo, deveria servir de base para serem tomadas decisões capazes de beneficiarem os alunos e possibilitarem intervenções pedagógicas significativas e eficazes, para melhoria da aprendizagem" (PREMEBIDA, 2009, p. 6).

Desta forma, Jorge e Pacheco (2015):

> Concebemos a avaliação da aprendizagem, como mecanismo de formar o indivíduo, respeitando suas diferenças e individualidade. O ato de avaliar não deve ocorrer somente no momento da prova, para atribuir uma nota ao possível conhecimento adquirido pelo aluno, deve ser contínuo, ocorrendo de forma processual e não em momentos estanques, que priorizam o medir e o testar (JORGE; PACHECO, 2015, p. 10).

Destarte, o papel da avaliação da aprendizagem deveria ser o mais minucioso e discreto possível do processo de ensino-aprendizagem e não se destacar mais do que o aluno o qual é normativamente reconhecido como protagonista no ambiente escolar, mas que acaba tendo seu papel deturpado mediante práticas de ensino que prezam pela confortabilidade de metodologias passivas.

Avaliação: entre resultados e revelações

Elencar a avaliação da aprendizagem apenas enquanto um mecanismo de aprovação ou reprovação discente implica na delação de uma prática de ensino abstraída da qualidade educacional necessária para que tais resultados fossem alcançados de maneira equivalente.

Neste sentido, Méndez (2003), salienta que:

> A avaliação é uma vitrine em que se exibem muitas das contradições existentes na educação. Envolve dilemas práticos diante dos quais os educadores têm de tomar posição como única garantia de um agir consciente e comprometido que leva à busca de respostas (MÉNDEZ, 2003, p. 21).

A avaliação seria, portanto, um ato educacional que deveria estar em consonância à contínua observação da aprendizagem e não ser acionada, a qualquer momento ou no final de uma etapa de ensino, como elemento decisório e incontestável. “Fazer uma análise sobre as concepções avaliativas que são utilizadas pelos professores em sua prática educativa, vem contribuir para instigar uma prática avaliativa focada na aprendizagem e não na verificação e classificação dos alunos" (JORGE; PACHECO, 2015, p. 10).

Considerações finais

Longe de encerrar a discussão em volta do tema da avaliação da aprendizagem, a presente discussão promoveu reflexões quanto à prática avaliativa que tem sido realizada na Educação Básica brasileira indiscriminadamente.

Constatou-se que o papel da avaliação já não coaduna com a evolução social, o que acaba implicando na constatação de práticas de ensino em dissonância aos objetivos gerais da educação.

A avaliação que deveria auxiliar o professor em sua tomada de decisões passa a assumir um papel desfigurado e prejudicial à aprendizagem, pois é dada ênfase maior à avaliação do que à aprendizagem, corrompendo-se o ciclo educacional e gerando consequências continuamente injuriosas e sem precedentes.

Referências

BRASIL. Lei nº 9.394, de 20 de dezembro de 1996. **Estabelece as diretrizes e bases da educação nacional.** Disponível em: http://www.planalto.gov.br/ccivil_03/leis/l9394.htm. Acesso em: 10 jan. 2021.

COSTA, Luana Jéssica Dantas da Silva [*et al.*]. **A avaliação da aprendizagem escolar e suas implicações para o aluno repetente.** X COLÓQUIO INTERNACIONAL: "Educação e Contemporaneidade", ISSN 1982-3657, Universidade Federal de Sergipe, São Cristóvão/SE - Brasil, 22 a 24 de Setembro de 2016.

HOFFMANN, Jussara. **Avaliar para promover:** as setas do caminho. 12. ed. Porto Alegre: Mediação, 2010.

JORGE, Ivana Clélia Bahia; PACHECO, Maria das Graças. **O processo de avaliação da aprendizagem:** descritores das práticas nos Anos Iniciais do Ensino Fundamental. 2015. 32f. Monografia (Graduação em Pedagogia) - Universidade Federal Rural da Amazônia, Gurupá, 2015.

LORDÊLO, José Albertino Carvalho [*et al.*] **Avaliação processual da aprendizagem e regulação pedagógica no Brasil:** implicações no cotidiano docente. Revista FACED, Salvador, n. 17, p. 13-33, jan/jun., 2010.

LUCKESI, Cipriano Carlos. **Avaliação da Aprendizagem Escolar.** 15. ed. São Paulo: Cortez, 2003.

MÉNDEZ, Juan Manuel Alvarez. **A Avaliação em uma prática crítica.** Revista Pátio n. 27, agosto/outubro, 2003.

PERUCI, Jucilene Santana. **Avaliação da aprendizagem na perspectiva histórico-critica.** 2012. 44f. Monografia (Especialização em Educação) - Diretoria de Pesquisa e Pós-Graduação, Universidade Tecnológica Federal do Paraná, Medianeira, 2012.

PREMEBIDA, Célia Maria Barrozo. **A avaliação da aprendizagem escolar na educação básica.** Paraná, 2009. Disponível em: http://www.diaadiaeducacao.pr.gov.br/portals/pde/arquivos/2173-8.pdf. Acesso em: 27 jan. 2021.

RANGEL, Juliana Alves Miranda. **A prática da avaliação e suas implicações.** 2008. 52f. Monografia (Graduação em Química) - Universidade Estadual do Norte Fluminense, Campos dos Goytacazes, 2008.

RIOS, Shirley Cristina Guimarães da Silva; CASSUNDÉ, Fernanda Roda S. A. **Reflexões sobre a implicação da avaliação no processo ensino/aprendizagem.** Revista de Educação da Universidade Federal do Vale do São Francisco, ISSN 2177-8183, Petrolina-PE, vol. 6, n.11, p. 102-114 dez., 2016.

ROSSATO, L. B. **Nefrologia disciplina de prática educativa em medicina.** Rio Grande do Sul, 2004. Disponível em: www.ufrgs.br/tramse/med/textos/2004_08_16_tex.htm. Acesso em: 15 jan. 2021.

SILVA, A. H. da. **Avaliação e formação de professores de Educação Física.** 1998. 156f. Dissertação (Mestrado em Educação Física) - Faculdade de Educação, Universidade de Brasília, 1998.

VENTURA, Manoel. **IDH:** Brasil cai cinco posições no ranking da ONU com estagnação na educação Jornal O Globo (2020). Jornal Online. Atualizado em 15 dez. 2020. Disponível em: https://oglobo.globo.com/economia/idh-brasil-cai-cinco-posicoes-no-ranking-da-onu-com-estagnacao-na-educacao-24797280. Acesso em: 18 jan. 2021.

10

IMPORTÂNCIA DA AVALIAÇÃO DA APRENDIZAGEM PARA O DESENVOLVIMENTO DE COMPETÊNCIAS E HABILIDADES NO ENSINO FUNDAMENTAL

MARIA EDILENE BEZERRA DOS SANTOS
RICARDO FAUSTINO AVELINO
DALIANA MARIA DO NASCIMENTO
FRANCISCA SALINÉSIA DOS SANTOS SILVA MARTINS
MARIA DA CONCEIÇÃO DOS SANTOS LEANDRO

Neste capítulo, será desenvolvida uma discussão pautada sob a perspectiva da avaliação da aprendizagem mediante os aspectos referentes a competências e habilidades defendidas por muitos teóricos e contempladas na atual Base Nacional Comum Curricular para a educação nacional.

Competências e habilidades são conceitos defendidos por teóricos do campo da educação e presentes em diversos dispositivos normativos e legais da Educação Básica brasileira, podendo ser citados desde a Lei de Diretrizes e Bases da Educação Nacional (LDB/96) à atual Base Nacional Comum Curricular (BNCC), transcorrendo-se todas as etapas de ensino e suas múltiplas modalidades.

Os conceitos de competência e habilidade não são genuínos da área educacional, mas, sim, advindos do campo profissional e aplicados na educação, enquanto proposta de implementação e desenvolvimento dos processos de ensino. Todavia, a adoção de procedimentos característicos de outros campos sociais, como no caso das competências e habilidades, não estão isentas de discussões que apontam posicionamentos pros e contras, porém, o ponto cerne de tais discussões centra-se à crítica de seus resultados finais, isto é, que tipo de cidadão a escola busca formar a partir de tais estratégias?

Competência e habilidades são elementos cognitivos que estão intrinsecamente relacionados, porém que precisam ser trabalhados de forma ordenada. Ao mobilizar competências e habilidades, o processo de aprendizagem é ativado e o sujeito-aprendiz direciona esforços à resolução de problemas tanto educacionais quanto de sua vida fora da escola, isto é, em casa, na vizinhança, na sociedade, pois ao planejar seus atos, logo, tal sujeito aciona suas habilidades de aprendizagem e fortifica suas competências, apropriando-se de capacidades que visem sua autonomia.

Definindo competência e habilidade educacional

A temática em torno das expressões de competência e de habilidade tem sido vigorosamente acionada, principalmente, mediante as determinações legais para sua aplicação em meio educacional, especialmente, voltada á Educação Básica brasileira, por meio da BNCC. Todavia, tais premissas não são elementos recentes quando se refere à relação pragmática do ensino-aprendizagem, tendo em vista que "Os conceitos de competências e habilidades transitam desde o início do século XX na educação, quando a "Escola Nova[1]" passou a enfatizar o "*saber fazer*[2]" como eixo central da ação pedagógica" (BLASIS, 2014, p. 10).

Para a BNCC (2017):

---

1 Escola Nova: Também chamada de Escola Ativa ou Progressiva, foi um movimento de renovação do ensino surgido no inicio do século XX na Europa e nos Estados Unidos, que ganhou força até meados deste século, com grande influência no Brasil (BLASIS, 2014, p. 10).

2 Concepção esta atualmente contestada mediante a necessidade de estabelecimento de claros objetivos para sua consecução.

> **Competência** é definida como a mobilização de conhecimentos (conceitos e procedimentos), **habilidades** (práticas, cognitivas e socioemocionais), atitudes e valores para resolver demandas complexas da vida cotidiana, do pleno exercício da cidadania e do mundo do trabalho (BRASIL, 2017, p. 8)[3].

Nesse sentido, competência parte do aspecto macro em relação ao conjunto de conhecimentos do indivíduo enquanto as habilidades correspondem aos segmentos cognitivos que aprimoram as competências e direcionam, em campos específicos, como, por exemplo, na educação, mecanismos para a resolução de problemáticas escolares que, consequentemente, amadurecem, teoricamente, o exercício de uma vida em sociedade, cada vez mais, preparada e autônoma.

"Competências são aquisições, aprendizados construídos; e construir uma competência significa aprender a identificar e a encontrar os conhecimentos pertinentes" (PERRENOUD, 1999 *apud* MOURÃO; ESTEVES, 2013, p.500). Conhecimentos pertinentes contemplados na proposta das dez competências gerais para a Educação Básica, conforme expressas, brevemente, a seguir.

---

3 Friso nosso.

Quadro 1 – Competências Gerais da Educação Básica por áreas.

COMPETÊNCIA	ÁREA
1	Conhecimento
2	Pensamento científico, crítico e criativo
3	Senso estético
4	Comunicação
5	Argumentação
6	Cultura digital
7	Autogestão
8	Autoconhecimento e autocuidado
9	Empatia e cooperação
10	Autonomia

Fonte: BNCC (2017).

Com o intuito de garantir que os alunos da Educação Básica brasileira tenham acesso a um conjunto de conhecimentos a serem alcançados ao longo de sua formação escolar, as competências são dispostas mediante a premissa da inter-relação da teoria e da prática dos conteúdos programáticos capazes de serem aplicados tanto na escola quanto na vida em sociedade.

Assim, para que as competências propostas pela BNCC possam ser adquiridas e/ou aprimoradas, os profissionais da educação devem estimular os alunos através do desenvolvimento de práticas pedagógicas adequadas e que visem fomentar tanto o aprendizado quanto o aumento da sensação de confiança frente aos desafios e problemas escolares que lhes são apresentados cotidianamente, uma vez que “As habilidades expressam as aprendizagens essenciais que devem ser asseguradas aos alunos nos diferentes contextos escolares" (BRASIL, 2017, p. 29).

No entanto, estimular as habilidades de aprendizagem dos alunos requer da dedicação do professor em relação à organização de um planejamento de ensino favorável e articulado com as possibilidades de um trabalho pedagógico promissor, isto é, não meramente mecânico ou compulsório.

> Ainda assim, as habilidades não descrevem ações ou condutas esperadas do professor, nem induzem à opção por abordagens ou metodologias. Essas escolhas estão no âmbito dos currículos e dos projetos pedagógicos, que [...] devem ser adequados à realidade de cada sistema ou rede de ensino e a cada instituição escolar, considerando o contexto e as características dos seus alunos (BRASIL, 2017, p. 30).

A proposta da organização do processo de ensino-aprendizagem fundamentado em competências e habilidades não diz respeito à promoção de uma "receita" cuja qual poderá ser seguida sem contestações, pelo contrário, caberá aos professores conectar, compativelmente, cada habilidade proposta mediante seus ensinamentos e subsídios de apoio ao processo de ensino-aprendizagem.

Avaliação da aprendizagem por competência

Por meio dos pontos elencados em todo o documento da BNCC, as competências precisam ser, previamente, incitadas ao seu desenvolvimento e, a partir de então, serem constatadas por meio dos múltiplos mecanismos educacionais presentes no cotidiano escolar, os quais devem primar pela averiguação do êxito de tal estímulo e, quando identificada certa imprecisão, serem instigadas continuamente. "Vislumbrando os vários significados de competências, parece-nos mais lógico o conceito relacionado à capacidade de bem realizar uma tarefa, ou seja, de resolver uma situação complexa" (MORAES *et al.*, 2007, p. 3) e a superação dos desafios confere ao aprendiz a efetividade de abrangência e domínio de competências tanto desempenhada individualmente quanto de maneira social, "Assim, o desenvolvimento de competências se dá tanto por meio da aprendizagem individual como coletiva" (MOURÃO; ESTEVES, 2013, p. 501).

Contudo, uma das funções primordiais do processo de ensino é averiguar a oferta de subsídios educacionais suficientes para o trabalho com as habilidades, "Para isso, o sujeito deverá ter disponíveis os recursos necessários para serem mobilizados com vistas a resolver a situação na hora em que ela se apresente" (MORAES *et al.*, 2007, p. 3), isto é, torna-se imprescindível proporcionar aos alunos recursos que os auxiliem em seu processo de aprendizagem seja através da exploração do livro didático, realização de aulas de campo, visitações, desenvolvimento de projetos, feiras, exposições, dentre outras diversas possibilidades relacionadas à promoção de experiências que complementem os saberes discentes. Deste modo, "Educar por competências possibilita a construção de um pensamento problematizante para que o sujeito possa desenvolver condições, articular recursos para resolver a situação complexa" (MORAES *et al.*, 2007, p. 3).

De acordo com Mourão e Esteves (2013):

> Tais competências têm sido alvo de constantes avaliações pelos diversos níveis de atuação dos sistemas educacionais; tais avaliações não têm sido satisfatórias quanto às competências avaliadas, mostrando que os nossos alunos do Ensino Fundamental estão muito aquém das exigências mínimas requeridas dessa população, em comparação com avaliações internacionais deste nível de ensino (MOURÃO; ESTEVES, 2013, p. 501).

As autoras apontam para um insucesso significativo quanto ao estímulo e efetivação das competências mediante os processos de ensino-aprendizagem no Ensino Fundamental de nosso país, evidenciado pelos diversos indicadores de desenvolvimento educacional e, principalmente, destacados mediante o contraste dos resultados atingidos positivamente por outros países.

As evidências de que as competências e habilidades estipuladas na BNCC possam não estar sendo instigadas como definidas teoricamente expressa um distanciamento entre a teoria e a prática que revela uma inalterável confirmação de que as práticas de ensino não conseguem atingir os objetivos de aprendizagem em detrimento às históricas circunstâncias contraproducentes que impregnam e obstruem todos e quaisquer esforços educacionais em prol da melhoria dos rendimentos escolares.

Conforme expresso nos estudos de Schelbauer e Galera (2008):

> São tantos os problemas que a escola enfrenta, como crise de valores, hedonismo onde os jovens e crianças buscam o prazer individual e imediato; desestruturação da família, baixos salários, drogas, gravidez de adolescentes, ameaças de processos judiciais, falta de recursos, etc., tornando hoje o Professor um refém, que diante desse quadro caótico tornou-se uma figura frágil, que "tenta" fazer seu trabalho se esgueirando entre as dificuldades e "levando do jeito que dá", colhendo os fracassos dia a dia, e ficando cada vez mais desacreditado (SCHELBAUER, GALERA, 2008, p. 2).

Na tentativa de reverter o estado de total obscuridade ao desenvolvimento da educação nacional, medidas relacionadas a políticas públicas são constantemente reivindicadas, promulgadas e homologadas, bem como o caso da própria BNCC, mas que, devido à falta de ordenação entre os diversos setores sociais, apenas o estabelecimento de uma medida, em um setor específico, não conseguirá dar conta das adversidades existentes em todo um complexo contexto social e educacional disperso em uma escala de magnitude continental, como no caso do Brasil, devendo-se, sim, promover ações sociais, políticas, econômicas e educacionais de maneira articulada, coordenada e acompanhada de perto tanto pelos agentes mantenedores quanto por aqueles que as clamam, de forma monitorada e constada sua real efetividade, senão assim, o atual cenário de incertezas continuará a se manifestar, sem previsão de permanência.

Avaliação da aprendizagem por habilidades

Conforme apresentado anteriormente, o êxito do processo de aprendizagem demanda de toda uma articulação adequada às possibilidades de aprendizagem que deverão ser identificadas e contempladas nos planejamentos de ensino que, mesmo diante das inúmeras mazelas da sociedade brasileira, não podem ser ignoradas, renunciadas ou subestimadas a ações incrédulas, haja vista que "Num paradigma de complexidade as habilidades não se reduzem ao aprender a fazer, mas se complementam por meio das quatro aprendizagens necessárias à educação do futuro"

(MORIN; SAWAYA, 2000 *apud* MORAES *et al.*, 2007, p. 11).

> As habilidades são apresentadas segundo a necessária continuidade das aprendizagens ao longo dos anos, crescendo progressivamente em complexidade. Acrescente-se que, embora as habilidades estejam agrupadas nas diferentes práticas, essas fronteiras são tênues, pois, no ensino, e também na vida social, estão intimamente interligadas (BRASIL, 2017, p. 86).

Assim, tanto o planejamento escolar quanto os planos de aula dos professores precisam estar engajados sempre com a perspectiva social, visando-se possibilidades de efetivação da aprendizagem por habilidades voltadas aos contextos que os alunos vivem e se relacionam e, a partir de então, poder estimar avaliações que possam ter como referência essa matriz de aprendizagem, isto é, competências e habilidades que possam ser praticadas pelos alunos de forma coerente com suas realidades.

Essa articulação entre competências e habilidades tem sido a sustentação necessária ao êxito da aplicação de uma base curricular comum em diversos países, como, por exemplo, nos Estados Unidos da América, Canadá, Cuba[4], Chile, África do Sul, Austrália, Portugal e Coreia do Sul (TV Cultura Educação, 2018).

---

4 Cuba é, no mundo, o país que mais investe em educação, reservando para isso 13% do seu orçamento nacional (BANCO MUNDIAL, 2018 *apud* LIZARDO; CRUZ, 2020, p.33).

Neste sentido, Moraes *et al.*, (2007) apontam que:

> As diretrizes curriculares nacionais, os Parâmetros Curriculares Nacionais (PCNs) dos diferentes níveis de ensino e uma série de outros documentos oficiais referentes à educação no Brasil, têm colocado - em consonância com uma tendência mundial – a necessidade de centrar o ensino e aprendizagem no desenvolvimento de competência que envolve as habilidades por parte do aluno, em lugar de centrá-lo no conteúdo conceitual (MORAES *et al.*, 2007, p. 4).

Evidencia-se, assim, que o êxito dos pressupostos elencados por uma base curricular educacional está intimamente relacionado com a efetivação de princípios estabelecidos enquanto promissores e não pela sobreposição do necessário pelo convencional; do contemporâneo pelo tradicional, enfim, da articulação pedagógica pela zona de conforto.

Blasis (2014) destaca que:

> Uma pessoa é competente quando tem os recursos necessários para realizar bem uma determinada tarefa, o que envolve diferentes graus de complexidade. Por exemplo, tem competência leitora quem é capaz de ler e compreender diferentes tipos de texto, fazendo uso da leitura em diferentes situações do dia a dia (BLASIS, 2014, p. 15).

Assim, ao avaliar os alunos os professores precisam ter a consciência acerca das características do processo de ensino desenvolvido, principalmente, se este esteve pautado na propulsão do potencial das competências e habilidades dos mesmos e para que se possa a obter resultados realmente referentes aos esforços promovidos em prol da aprendizagem.

Avaliação: um ato isolado?

Quando se trata de avaliação, automaticamente, relaciona-se, em praticamente todas as circunstâncias, à realização de provas em papel e à obtenção de um escore escalonado, geralmente, entre 0 a 10,0 pontos, o que não deixa de ser uma realidade nas escolas do país, principalmente, a partir dos Anos Iniciais do Ensino Fundamental e uma abordagem válida, desde que associada a outros tipos de avaliação constituintes de um processo contínuo de avaliação.

Todavia, o ato de avaliar, por parte do professor, é bastante concebido como uma ação estrita à sua visão e decisão, o que implica em diversas limitações referentes às formas com que os alunos são capazes de manifestar seus conhecimentos e a aprendizagem e do professor reconhecê-las como válidas.

Neste sentido, o processo avaliativo, para que possa estar imbuído de subsídios capazes de fornecer maior grau de discernimento entre qualidade (aprendizagem) e quantidade (notas) precisa ser articulado e auspicioso às contribuições dos demais agentes educacionais, principalmente por parte da gestão escolar.

> Na perspectiva da gestão é importante ressaltar como esse trabalho de diferentes habilidades ocorre também com os professores de acordo com as participantes/ gestoras "procura-se dar espaço para que todos os profissionais demonstrem as suas habilidades, proporcionando momentos (estudos, reuniões pedagógicas) para através da devolução de leituras, exemplos de práticas possam dividir com os demais tais habilidades. Como também utiliza-se como exemplo estratégico de sucesso colocando em prática em outras turmas e disciplinas" (MORAES *et al.*, 2007, p. 12).

Um trabalho pedagógico favorável ao êxito do rendimento escolar não deve ser limitado apenas às concepções teóricas, profissionais e de vida de um professor, mas, sim, da colaboração mútua entre todos os profissionais da educação para que se possa chegar a entendimentos capazes de contribuir para o sucesso escolar como um todo e não através de um exercício docente isolado.

> As possibilidades de os alunos adquirirem essas habilidades podem ser ampliadas se, em conjunto, as diversas disciplinas, cada uma com base em suas especificida-des (conteúdos e instrumentos próprios), buscarem favorecer seu desenvolvimento (BLASIS, 2014, p. 18).

Destarte, o avanço do processo educativo centra-se, principalmente, na visão docente acerca da busca pela superação das adversidades que os cenários educacionais do país apresentam e o trabalho corroborativo, comprometido e adequado será o elo imprescindível entre a objetividade e a concretização da aprendizagem.

Considerações finais

Diante dos apontamentos discutidos aqui, compreende-se que, em diversos aspectos, o êxito educacional depende do grau de prioridade e relevância dado pelo professor quanto aos aspectos relacionados a competências e habilidades durante o exercício da docência, pois a falta de estímulo dos mesmos oportuniza a constatação de diversas incongruências relacionadas às determinações constantes na BNCC o que, consequentemente, é traduzido no insucesso escolar.

Assim, competências e habilidades educacionais dependem da ação docente quanto à necessidade de serem acionadas, estimuladas, potencializadas e validadas (avaliadas), haja vista que sem um acompanhamento consciente e dialético entre a teoria e a prática as constatações de resultados negativos, apontados por diversos indicadores nacionais e internacionais, serão perpetuadas e condicionadas, vertiginosamente, à conformação de uma realidade sem possibilidades de resolução.

Referências

BLASIS, Eloisa de (org.). **Avaliação educacional:** os desafios da sala de aula e a promoção da aprendizagem. São Paulo: Cenpec: Fundação Itaú Social, 2014.

BRASIL. Ministério da Educação. Conselho Nacional de Educação. Conselho Pleno. Resolução CNE/CP nº 2, de 22 de dezembro de 2017. **Institui e orienta a implantação da Base Nacional Comum Curricular, a ser respeitada obrigatoriamente ao longo das etapas e respectivas modalidades no âmbito da Educação Básica.** Disponível em: http://portal.mec.gov.br/index.php?option=com_docman&view=download&alias=-79631-rcp002-17-pdf&category_slug=dezembro-2017-pdf&Itemid=30192. Acesso em: 20 jan. 2021.

LIZARDO, Bárbara; CRUZ, Juliana. **Geografia.** 8º Ano. Ensino Fundamental, 2020. Disponível em: https://centrodemidias.am.gov.br/storage/lessons_content/EF-8-GEO-34.pdf. Acesso em: 18 jan. 2021.

MORAES, Nayara Alano [*et al.*]. **O ensino por competências na educação fundamental e o trabalho pedagógico.** Universidade Federal de Mato Grosso do Sul, 2007. Disponível em: http://coral.ufsm.br/sifedocregional/images/Anais/Eixo%2007/Nayara%20Alano%20Moraes.pdf. Acesso em: 18 jan. 2021.

MORIN. E.; SAWAYA, J. (trad.). **Os sete saberes a educação do futuro.** 2. ed. Brasília: UNESCO, 2000.

MOURÃO, Luciana; ESTEVES, Vera Vergara. **Ensino Fundamental:** das competências para ensinar às competências para aprender. Revista Ensaio: Avaliação e Políticas Públicas na Educação, [online], ISSN 0104-4036, vol. 21, n. 80, pp. 497-512, 2013.

PERRENOUD, P. **Construir competências desde a escola.** Porto Alegre: Artmed, 1999.

SCHELBAUER, Vera Maria Pfeffer e GALERA, Joscely Bassetto. **(In)disciplina na escola:** limites e possibilidades de uma intervenção pedagógica. Dia da Educação. Governo do Estado do Paraná (2008). Disponível em: http://www.diaadiaeducacao.pr.gov.br/portals/pde/arquivos/1100-4.pdf. Acesso em: 23 jan. 2021.

TV CULTURA. **O que é a Base Nacional Comum Curricular?** (2018). Disponível em: https://www.youtube.com/watch?v=6y6nv3nifqM&feature=emb_logo. Acesso em: 8 dez. 2020.

11

SISTEMA DE AVALIAÇÃO DA EDUCAÇÃO BÁSICA, AVALIAÇÃO NACIONAL DA ALFABETIZAÇÃO PROVINHA BRASIL E PROVA BRASIL

SALETE FERREIRA DA COSTA
FRANCISCA FERREIRA DA COSTA
ZILMA FERREIRA DA COSTA SANTOS SILVA
ZULEIDE FERREIRA COSTA DE SOUZA
MARIA JOSÉ FERREIRA DA COSTA

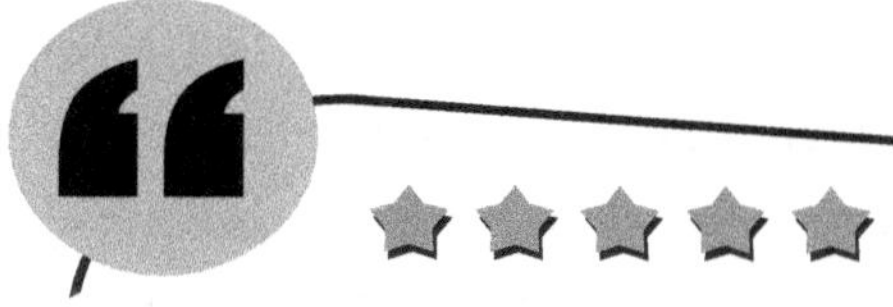

Neste capítulo, serão abordados debates em torno do sistema avaliativo nacional, promovido pelo Instituto Nacional de Estudos e Pesquisas Educacionais Anísio Teixeira, e seus reflexos à manutenção da Educação Básica brasileira, especialmente, tratando-se da etapa do Ensino Fundamental (1º ao 9º ano).

A constante reivindicação e implementação de políticas públicas que acompanhem e promovam subsídios estruturantes, no campo educacional, em prol da melhoria da qualidade da oferta da Educação Básica nacional tem fomentado novas posturas por parte de todos os sujeitos que integram o campo educacional, direta (gestores, professores, pais, alunos) ou indiretamente (especialistas, sociólogos, economistas, teóricos), promovendo ações que assegurem, cada vez mais, a transparência dos processos educacionais, principalmente, quanto às avaliações nacionais e os reflexos destas sobre o próprio sistema escolar.

Um dos aspectos relevantes da aplicação de avaliações educacionais nacionais confere ao fato da revelação de um retrato, mesmo que superficial, do atual estado que se encontra a Educação Básica e seus segmentos. Tais indicadores apontam aspectos que precisam ser amplamente investidos e, ao mesmo tempo, monitorados, haja vista a possibilidade de identificação de prioridades que possam não estar sendo atendidas ou, até mesmo, de parâmetros e determinações normativas e legais não efetivadas, indicadores estes basilares à promoção de políticas públicas educacionais, bem como construídas pelo Instituto Nacional de Estudos e Pesquisas Educacionais Anísio Teixeira (INEP) e suas instâncias administrativas federais, regionais, estaduais e municipais.

Na medida em que haja um acompanhamento globalizado acerca dos aspectos que estruturam o sistema educacional nacional, as informações obtidas desse setor favorecem, em tese, o desenvolvimento eficiente das propostas educacionais, sobretudo, no que se refere à superação das desigualdades regionais que deflagram contrastes discrepantes em todas as áreas de ensino.

Sistema de Avaliação da Educação Básica

Significativas expressões estruturantes da Educação Básica nacional têm sido amplamente investidas desde a década de 1960, porém, fortemente fomentadas a partir da Reforma do Estado brasileiro da década de 1990, com o Governo Collor e os subsequentes, ganhando reforços e destaques no campo educacional os governos de Luiz Inácio Lula da Silva (2003-2011) e Dilma Rousseff (2011-2016).

Neste contexto de promoção e implementação de políticas públicas educacionais restaura-se o Sistema

Nacional de Avaliação da Educação Básica[1] (SAEB), principalmente, devido:

> [...] à ineficácia da Lei n. 4.024, de 20/12/1961, diante das alterações jurídicas introduzidas pela Constituição Federal de 1988. Antes disso, porém, a "avaliação nacional" da educação básica existiu, de 1987 a 1990, na forma de programa do Ministério da Educação - MEC (FREITAS, 2004, p. 667).

Diante de tentativas frustradas de se mensurar, a princípio, o desempenho e rendimento escolar de alunos matriculados no Ensino Fundamental, as novas gestões governamentais aprimoraram os mecanismos de acesso e de avaliação capazes de alcançarem e descreverem um cenário educacional mais panorâmico do que era descrito décadas anteriores, ações estas que renderam investimentos significativos no que hoje corresponde ao sistema educacional básico brasileiro.

Para Heck (2018):

> Desde sua criação o Sistema Nacional de Avaliação da Educação Básica, passou por um processo de aperfeiçoamento e consolidação. Uma mudança que merece registro foi a sua realização com regularidade, a cada dois anos, o que nessa proposta é fundamental para efeito de comparabilidade dos resultados e para o desenvolvimento de uma cultura de avaliação junto aos sistemas

---

1 Outrora denominado Sistema de Avaliação do Ensino Público de 1º Grau (SAEP).

> de ensino. O SAEB abrange uma amostra probabilística representativa dos 26 estados e do Distrito Federal, sendo aplicado às escolas públicas e privadas de ensino fundamental e ensino médio (HECK, 2018, p. 131).

A partir da reorganização do SAEB, novas políticas públicas puderam ser implantadas favorecendo o desenvolvimento e acompanhamento de resultados que visassem, principalmente, à superação de históricos percalços educacionais do país, haja vista sua consolidação enquanto política pública permanente, onde "[...] o Sistema Nacional de Avaliação da Educação Básica (SAEB) constituirá a fonte de informações para a orientação das políticas" (BRASIL, 2014, s/p).

Portanto, o SAEB tem contribuído para a identificação e compreensão do estado que se encontra a Educação Básica nacional e, a partir de então, propulsar novas articulações escolares, desta forma, o SAEB "Trata-se de um importante subsídio para o monitoramento das políticas gerais de desenvolvimento educacional" (CASTRO, 2009, p. 8).

Para Castro (2009):

> Com base nas informações coletadas por este sistema (SAEB[2]), o MEC e as secretarias estaduais e municipais de Educação **devem definir ações voltadas para a correção das distorções e debilidades identificadas,** de

2 Friso nosso.

> modo a orientar seu apoio técnico e financeiro para o crescimento das oportunidades educacionais, da eficiência e da qualidade do sistema educacional brasileiro, em seus diferentes níveis (CASTRO, 2009, p. 8[3]).

Conforme expresso, o SAEB é uma política pública vivida e arraigada pelos investimentos do setor público em prol da continuidade de planejamentos educacionais em larga escala e, consequentemente, direcionadas aos micros campos municipais de educação.

Através das palavras de Soares (2013):

> [...] o sistema de avaliação da educação básica tem servido para ampliar o diagnóstico sobre a realidade da educação e com as informações e conhecimentos produzidos através dos dados adquiridos, prover os administradores de diferentes redes na formulação de políticas públicas em diversas áreas. Contudo, não se pode dizer o mesmo em relação ao provimento de gestores, professores, estudantes e outros sujeitos da educação, com informações relativas ao diagnóstico da sua escola, em particular (SOARES, 2013, p. 153).

Por mais que o SAEB possa contribuir com a implementação de políticas públicas, ainda existe uma grande lacuna quanto ao que se refere à atuação dos agentes educacionais sobre seus resultados, haja vista que "A forma de divulgação dos resultados do SAEB

---

3 Friso nosso.

não tem alcançado as instituições da ponta do sistema, sobretudo quando se trata da compreensão e análise pedagógica desses" (SOARES, 2013, p. 153).

Nesse sentido, novas políticas públicas devem ser promovidas de maneira com que tanto as contribuições dos profissionais da educação possam complementar os resultados expressos pelo SAEB, na medida com que tais dados possam revelar, cada vez mais, uma relação mais próxima e humanizada entre resultados e realidade.

Provinha Brasil

Instituída a partir da Portaria Normativa nº 10, de 26 de abril de 2007, a Provinha Brasil é apresentada sob a seguinte redação: "Art. 2° A Avaliação de Alfabetização "Provinha Brasil" tem por objetivo: a) avaliar o nível de alfabetização dos educandos nos Anos Iniciais do Ensino Fundamental; (BRASIL, 2007, p. 1)".

Em um sentido mais categórico, Contijo (2012) destaca que:

> Nesse sentido, [...], a Provinha Brasil é um instrumento pedagógico que fornece subsídios para o desenvolvimento de práticas alfabetizadoras, devendo ser aplicada às crianças que estão matriculadas no 2º ano do ensino fundamental, em duas etapas, a cada ano (CONTIJO, 2012, p. 605).

A periodicidade cuja qual é promovida a Provinha Brasil aponta determinado grau de preocupação quanto ao acompanhamento do rendimento escolar dos alunos, evidenciando-se que dentro de um mesmo período letivo haja, necessariamente, a realização do exame de maneira inicial e comparativa.

Em suma, "A Provinha Brasil é uma avaliação diagnóstica, apresentada em um instrumento padronizado, que tem por objetivo auxiliar as escolas a fazer uma análise do trabalho em relação à alfabetização e ao letramento" (CRISTOFOLINI, 2012, p. 217).

Avaliação Nacional do Rendimento Escolar (Prova Brasil)

A Avaliação Nacional do Rendimento Escolar (ANRESC/Prova Brasil) corresponde à realização de exames em escala nacional que visam à descrição diagnóstica da Educação Básica do país, desenvolvidas pelo Instituto Nacional de Estudos e Pesquisas Educacionais Anísio Teixeira (Inep/MEC), especificamente, aplicadas no Ensino Fundamental (1° a 9° ano).

Mediante o texto estabelecido na Portaria nº 149, de 16 de junho de 2011, constituem objetivos específicos da ANRESC (Prova Brasil), como:

> I. Aplicar instrumentos (provas e questionários) nas escolas da rede pública de ensino das zonas urbana e rural, que possuam pelo menos 20 estudantes matriculados nos 5° e 9° anos do ensino fundamental regular que estejam organizadas no regime de 09 anos,

> e nas 4ª e 8ª séries do ensino fundamental regular de 08 anos; (BRASIL, 2011, p. 25).

A Prova Brasil busca revelar o estado que se encontra aprendizagem escolar com foco nas instituições de ensino, isto é, ranqueando seus desempenhos, contemplando, especialmente, áreas específicas, "A Prova Brasil compreende a aplicação de testes padronizados nas disciplinas de Língua Portuguesa e Matemática em escolas de Ensino Fundamental, e teve sua primeira edição em 2005" (SOARES, 2013, p. 154).

> Para além de sua função diagnóstica e de subsidiar a formulação de políticas públicas, os resultados da Prova Brasil, da Aneb e do Ideb, têm servido à comparação entre escolas, assim como à criação e divulgação de *rankings*, num movimento que tem dado ênfase às escolas que se destacam pelas médias mais altas em contraposição ao isolamento daquelas que não logram bom desempenho nos testes (SOARES, 2013, p. 155).

Neste sentido, os resultados apresentados pela Prova Brasil buscam, em um de seus sentidos estritos, despertar as comunidades escolares quanto aos desempenhos obtidos em tal avaliação e, a partir de então, buscar pela superação de suas classificações.

Em consonância a esta linha de raciocínio, Souza (2011) evidencia que:

> Jornais, revistas e telejornais, seja de repercussão local ou nacional, têm focado muito

> nos resultados da Prova Brasil no sentido de formar um *ranking* das escolas e dos alunos, essa visão muitas vezes influencia o público geral, fazendo esquecer que os resultados das avaliações devem conduzir a uma reflexão sobre os métodos empregados e voltar o olhar para o que pode ser feito a partir daquele momento em favor da qualidade do ensino (SOUZA, 2011, p. 7).

A disposição dos resultados tem levado as escolas a aprimorarem seus processos de ensino, bem como as abordagens avaliativas internas como recurso plausível de implementação de práticas escolares, cada vez mais, preocupadas com o progresso do rendimento escolar de seus alunos e que, mesmo evidenciando pífio destaque, são informações imprescindíveis quanto ao que se refere à transparência dos resultados obtidos, os quais podem servir de subsídio quanto ao que se refere a reinvindicações sociais e políticas.

Avaliações educacionais nacionais: entre resultados e reflexos

Os resultados do SAEB/Provinha Brasil/ANRESC/PROVA BRASIL e outras propiciam a evidenciação acerca da consecução de metas e do desenvolvimento tanto das práticas de ensino quanto dos desempenhos dos alunos, porém, de maneira superficial, pois contempla-se, notoriamente, resultados irrevogáveis e a passividade desses frente aqueles que os geraram.

Deste modo, Melo (2012) aponta que:

> Os resultados indicam que é preciso aprofundar estudos e reflexões acerca do SAEB, em especial da Avaliação Nacional do Rendimento Escolar – ANRESC/PROVA BRASIL, como instrumento não abstrato, mas concreto, para efetivar ações direcionadas ao trabalho da leitura e escrita nos anos iniciais do ensino fundamental, que são domínios essenciais para que se atinjam metas de qualidade do processo de ensino-aprendizagem em outras áreas do conhecimento (MELO, 2012, p. 13).

Destarte, os resultados expostos pelas avaliações nacionais de educação não devem primar pela superficialidade das informações coletadas, mas, sim, pela constante conscientização e fomentação governamentais para que todas as comunidades escolares possam articular de maneira engajadora e recíproca, compartilhando não apenas dados, mas integrando-se a projetos educacionais capazes de alavancar os índices de desempenho educacional, haja vista que tais avaliações corroborem para que "[...] os resultados ajudem a compreender os conhecimentos que os alunos já adquiriram sobre a língua escrita, bem como quais aspectos dos conteúdos ainda deverão ser desenvolvidos" (CRISTOFOLINI, 2013, p. 226).

Todavia, não se pode negar o grau de superficialidade dispersado pelos resultados das avaliações nacionais entre as escolas, o que acaba corroborando, de certa forma, para uma competitividade desigual entre os diversos contextos educacionais implicados por diversos outros aspectos sociais, culturais, políticos etc., "O que acaba contribuindo para que se crie um senso comum entre a população de que o resultado da Prova Brasil ou do IDEB é um instrumento de medição e classificação de escolas e, portanto, de profissionais" (SOUZA, 2011, p. 7).

Considerações finais

Nitidamente, os resultados das avaliações educacionais nacionais servem de base a atuais e futuras políticas públicas voltadas à implementação do campo educacional e, consecutivamente, à melhoria da qualidade da oferta de uma Educação Básica do nosso país.

No entanto, não se devem subestimar os reflexos dos resultados expostos sobre as escolas, bem como toda a sociedade, haja vista que a exposição de informações coletadas, através do desempenho dos estudantes, pode acabar sendo interpretada de maneira pejorativa, aspecto este que precisa ser trabalhado de igual forma pelas ações do INEP e que, ao mesmo tempo, também possam subsidiar gestores e professores a buscarem, juntos, alternativas para a resolução de problemáticas pertinentes ao campo escolar.

Referências

BRASIL. Instituto Nacional de Estudos e Pesquisas Educacionais Anísio Teixeira. Portaria nº 149, de 16 de junho de 2011. **Instituiu o Sistema de Avaliação da Educação Básica, composto por dois processos de avaliação: a Avaliação Nacional da Educação Básica - ANEB, e a Avaliação Nacional do Rendimento Escolar – ANRESC.** Disponível em: https://download.inep.gov.br/educacao_basica/prova_brasil_saeb/legislacao/2011/portaria_n149_16062011_prova_brasil.pdf Acesso em: 30 jan. 2021.

BRASIL. Lei nº 13.005, de 25 de junho de 2014. **Aprova o Plano Nacional de Educação - PNE e dá outras providências.** Disponível em: http://www.planalto.gov.br/ccivil_03/_ato2011-2014/2014/lei/l13005.htm Acesso e: 23 jan. 2021.

BRASIL. Portaria normativa nº 10, de 24 de abril de 2007. **Institui a Avaliação de Alfabetização "Provinha Brasil", a ser estruturada pelo INEP.** Disponível em: https://abmes.org.br/arquivos/legislacoes/Port_Norm_010_2007_04_10.pdf Acesso em: 14 jan. 2021.

CASTRO, Maria Helena Guimarães de. **Sistemas de avaliação da educação no Brasil:** avanços e novos desafios. São Paulo Perspec., São Paulo, v. 23, n. 1, p. 5-18, jan./jun. 2009.

CRISTOFOLINI, Carla. **Refletindo sobre a Provinha Brasil a partir das dimensões sociocultural, linguística e cognitiva da leitura.** Revista Alfa, São Paulo, 56 (1): 217-247, 2012.

FREITAS, Dirce Nei Teixeira de. **Avaliação da educação básica e ação normativa federal.** Cadernos de Pesquisa, ISSN 1980-5314, v. 34, n. 123, p. 663-689, set./dez. 2004.

GONTIJO, Cláudia Maria Mendes. **Avaliação da alfabetização:** Provinha Brasil. Revista Educação e Pesquisa, São Paulo, v. 38, n. 03, p. 603-622, jul./set. 2012.

HECK, Miriam Ferrazza. **Reflexões acerca do Sistema Nacional de Avaliação da Educação Básica (SAEB).** Revista REAMEC, Cuiabá - MT, v. 6, n. 1, jan/jun 2018, ISSN: 2318-6674.

MELO, Sandra Cristina Lousada de. **Impactos da avaliação nacional do rendimento escolar (ANRESC/PROVA BRASIL) entre os anos de 2007 a 2009 na gestão do processo de ensino-aprendizagem em um município baiano.** 2012. 96f. Dissertação (Mestrado em Educação) – Programa de Pós-Graduação *Stricto Sensu* em Educação, Universidade Católica de Brasília, Brasília, 2012.

SOARES, Maria do Socorro. **Avaliação da educação em larga escala:** (a) prova Brasil? Revista Tópicos Educacionais, Recife, v.19, n.2, jul./Dez. 2013.

SOUZA, Claudiene Fátima de. **O uso dos resultados da Prova Brasil na gestão do sistema público de Ensino Fundamental de João Pessoa.** 2011. 31f. Artigo (Especialização em Gestão Pública Municipal) - Universidade Federal da Paraíba, João Pessoa, 2011.

12

AVALIAÇÃO DA APRENDIZAGEM SOB A PERSPECTIVA DA BASE NACIONAL COMUM CURRICULAR

ROBSON JOSÉ DE MOURA SILVA
MARTA JOELMA BEZERRA
REJANE FREITAS DE MIRANDA
MARIA DO LIVRAMENTO DE FREITAS NASCIMENTO
JADNA MARISA SILVA DE SOUSA

Neste capítulo, será apresentada uma discussão acerca da realização de práticas avaliativas sob a perspectiva da Base Nacional Comum Curricular e suas prescrições, buscando-se evidenciar os reflexos de uma nova conjuntura normativa mediante práticas de ensino em processo de desenvolvimento.

Com a homologação da Base Nacional Comum Curricular (BNCC), houve uma revolução, teoricamente, no que se refere à organização das práticas de ensino, principalmente, devido à sistematização curricular promovida em escala nacional e mobilizando as esferas públicas à estruturação de currículos específicos que complementassem a proposta da base comum.

Assim, mediante expressiva necessidade de se fixar novas referências curriculares, a prática pedagógica, como um todo, incluindo-se, desta forma, as abordagens avaliativas internas, a educação passa a ser auxiliada por um conjunto de orientações basilares que expressam as necessidades de aprendizagem atreladas a subsídios de ensino pautados, principalmente, em competências e habilidades.

Todavia, a partir da apresentação da proposta educacional da BNCC para a Educação Básica, os professores têm à mão a possibilidade de alinhar suas práticas avaliativas, principalmente, mediante o cumprimento de suas determinações e orientações as quais visam à implementação de uma prática de ensino voltada à exploração de conteúdos gerais (base comum) e específicos (currículos locais). Desta forma, a avaliação da aprendizagem centra-se em aspectos essenciais de uma educação embasada na igualdade de oferta de conteúdos e na equidade da apresentação de saberes característicos de sua realidade local.

Base Nacional Comum Curricular e currículos

A proposta central da BNCC confere à conciliação curricular no sentido de se atrelar conteúdos gerais (base comum) àqueles específicos e característicos de cada localidade (base diversificada), buscando-se assegurar aprendizagens essenciais, definidas para cada etapa da Educação Básica, enquanto condição imprescindível à efetividade da aprendizagem, principalmente, através de um currículo ativo.

Tais pressuposições visam o engajamento entre diversas articulações educacionais para que seja possível, de fato, efetivar uma aprendizagem considerando os múltiplos contextos educacionais (macro e micro campos) adaptando-os aos sistemas e redes de ensino, bem como contemplar, de igual forma, os saberes dos alunos, a participação da família e comunidade escolar que culminem, dentre outros objetivos, a:

> Construir e aplicar procedimentos de avaliação formativa de processo ou de resultado que levem em conta os contextos e as condições de aprendizagem, tomando tais registros como referência para melhorar o

> desempenho da escola, dos professores e dos alunos; (BRASIL, 2017, p. 17).

Observa-se, assim, que a BNCC busca fomentar, cada vez mais, a participação de todos os envolvidos no processo de ensino-aprendizagem a participarem das relações educacionais, sendo a avaliação da aprendizagem um dos pontos a serem discutidos por todos seja através de sugestões, observações e outras contribuições pertinentes.

De acordo com Miranda (2015):

> No que tange a avaliação, especificamente, a ausência de um currículo nacional ocasiona muitas vezes um estreitamento dos objetivos de aprendizagem às competências e habilidades descritos nas matrizes de referência. E o problema disso é muito simples: ainda que as avaliações externas priorizem mensurar aprendizagens comuns a todos, sua estrutura de aplicação e correção exige que seja feito um recorte metodológico que privilegie os conhecimentos mais objetivos, pois são esses os passíveis de serem comprovados pela aplicação de testes impressos, escritos, composto por itens fechados (MIRANDA, 2015, s/p).

A estruturação dos processos avaliativos escolares passa a contar com uma proposta curricular que será acompanhada e requisitada em exames externos onde, outrora, a organização das avaliações da aprendizagem encontrava-se limitada às pressuposições e orientações de livros didáticos e às experiências do professor em elaborar seus planos de aula desvinculados de uma base referencial, hoje expressa pela BNCC.

Segundo Lopes e Macedo (2011):

> A elaboração curricular, assim como a avaliação têm a competência como meta, e o objetivo do processo de ensino é a maestria ou o domínio das competências. Para tanto, cada competência é analisada e decomposta nas habilidades, fundamentais, embora insuficientes, para o domínio da competência. Embora retomem o sentido de totalidade, as competências mantêm a matriz comportamental, na medida em que são produtos do domínio de habilidades intermediárias (LOPES; MACEDO, 2011, p. 54).

A partir da BNCC, os processos avaliativos passam a possuir referências alicerçadas sob parâmetros relacionados à estimulação de habilidades e aquisição/desenvolvimento de competências, isto é, os processos avaliativos da aprendizagem devem pautar-se na averiguação da consecução de objetivos de ensino e a partir de conteúdos previstos na BNCC devem ser trabalhados e acompanhados continuamente, contornando retrógradas práticas avaliativas que reverenciavam a avaliação sobre os objetivos da aprendizagem, "Dessa forma, restringir os objetivos de aprendizagem aos descritores das avaliações, é mais ou menos como "colocar a carroça na frente dos bois". Afinal, é o currículo que deve determinar o que deve ser avaliado, não a avaliação dizer o que deve ser ensinado" (MIRANDA, 2015, s/p).

> A expectativa, portanto, com a determinação da Base Nacional Curricular Comum (BNCC, prevista no Plano Nacional de Educação) é que as avaliações tenham suas matrizes completamente revistas para atender às intenções que colocamos em nosso projeto educacional. O que não será nada simples, afinal, as discussões feitas até agora pedem muitas mudanças, principalmente para a organização do Ensino Médio (MIRANDA, 2015, s/p).

O grande impasse que defronta as determinações da BNCC, em relação às questões voltadas à avaliação da aprendizagem, centra-se às práticas de ensinos, desenvolvidas há séculos no país, além da própria configuração escolar não favorecer o desenvolvimento de novas determinações educacionais, como, por exemplo, carteiras dispostas em filas, toques de entrada, mudança de disciplina, saída, formação docente não continuada, fardamento e outras características estruturais e comportamentais que estão enraizadas no tradicionalismo, conferindo grande resistência aos apontamentos da BNCC.

Elementos para avaliação da aprendizagem na BNCC

A BNCC surge com o intuito de apresentar uma nova configuração ao processo de ensino-aprendizagem embasado em elementos que deem suporte às práticas de ensino e que assegurem uma aprendizagem moldada sob as perspectivas da igualdade e equidade, pressuposta por objetivos, competências e habilidades.

> Nesse sentido, preservando a lógica da objetividade, racionalidade e pragmatismo, o gerencialismo se dissemina nas diferentes esferas da vida social. Com ênfase na administração, seja do setor privado ou público, o controle e os resultados são priorizados em nome da produtividade. Diante das premissas que embasam o gerencialismo na educação, tomamos como desafio compreender as relações entre às políticas de avaliação em larga escala e a BNCC (ZANOTTO; SANDRI, 2018, p. 128).

No entanto, tal estruturação também acaba por limitar, muitas vezes, um trabalho pedagógico espontâneo, haja vista a proposta de ideias e conjunturas de ensino fechadas, bem como a própria apresentação de dez competências gerais e específicas, para cada componente curricular, seguidas por habilidades para cada etapa/ano/série de ensino, conforme exemplificado, a seguir.

Quadro 1 – Língua Portuguesa – 8º e 9º anos (parcial)

<table>
<tr><th rowspan="2">PRÁTICAS DE LINGUAGEM</th><th rowspan="2">OBJETOS DE CONHECIMENTO</th><th colspan="2">HABILIDADES</th></tr>
<tr><th>8º ANO</th><th>9º ANO</th></tr>
<tr><td colspan="4">CAMPO JORNALÍSTICO-MIDIÁTICO</td></tr>
<tr><td rowspan="2">Leitura</td><td rowspan="2">Reconstrução do contexto de produção, circulação e recepção de textos Caracterização do campo jornalístico e relação entre os gêneros em circulação, mídias e práticas da cultura digital.</td><td colspan="2">(EF89LP01) Analisar os interesses que movem o campo jornalístico, os efeitos das novas tecnologias no campo e as condições que fazem da informação uma mercadoria, de forma a poder desenvolver uma atitude crítica frente aos textos jornalísticos.</td></tr>
<tr><td>(EF08LP01) Identificar e comparar as várias editorias de jornais impressos e digitais e de sites noticiosos, de forma a refletir sobre os tipos de fato que são noticiados e comentados, as escolhas sobre o que noticiar e o que não noticiar e o destaque/enfoque dado e a fidedignidade da informação.</td><td>(EF09LP01) Analisar o fenômeno da disseminação de notícias falsas nas redes sociais e desenvolver estratégias para reconhecê-las, a partir da verificação/avaliação do veículo, fonte, data e local da publicação, autoria, URL, da análise da formatação, da comparação de diferentes fontes, da consulta a sites de curadoria que atestam a fidedignidade do relato dos fatos e denunciam boatos etc.</td></tr>
</table>

Fonte: BRASIL (2017).

Para Cunha e Müller (2018):

> A Base Nacional Comum Curricular (BNCC), nesse viés se constitui em um documento que elenca uma série de objetivos e conteúdos de certa forma impossíveis de serem cumpridos, favorecendo um currículo prescritivo, reprodutivista e descoladodas vivências e relações que perpassam o cotidiano escolar, limitando o trabalho docente meramente a uma reprodução de conteúdos para o atendimento às demandas das avaliações exteriores e os interesses de organizações internacionais e de grandes grupos empresariais (CUNHA; MÜLLER, 2018, p. 159).

O contexto obstaculizado pelos autores supracitados diz respeito às imprecisões existentes entre a teoria e a prática das determinações da BNCC nos diversos cenários educacionais do país, haja vista que, periodicamente, a educação brasileira passa por reformas que expressam demasiado grau de insucesso; RCNEI[1], PCN[2], OCEM[3] e outros são exemplos de políticas públicas educacionais que, por mais contribuintes que puderam ser ao setor educacional, acabaram sendo suprimidas pela BNCC que também não garante uma permanência definitiva e significativa, principalmente, frente aos desafios de sua aplicação.

---

1 Referencial Curricular Nacional para a Educação Infantil.

2 Parâmetros Curriculares Nacionais (1ª a 8ª série).

3 Orientações Curriculares para o Ensino Médio.

Através das palavras de Cândido e Gentilini (2017), constata-se que a culminância de uma base curricular comum é fruto de uma histórica necessidade de organização educacional, pois:

> Discutimos nas universidades e escolas brasileiras a necessidade de termos um ensino de qualidade. Assim, existe a necessidade de se saber o que está sendo ensinado nas salas de aula, avaliando-se para comprovar se as crianças estão aprendendo ou não. Tal discussão valida a necessidade de uma Base Curricular Comum, que auxilie na seleção dos conteúdos a serem trabalhados pelas escolas e, consequentemente, os conteúdos a serem cobrados nas avaliações externas (CÂNDIDO; GENTILINI, 2017, p. 327).

Neste contexto de prós e contras, a BNCC é estabelecida e os processos avaliativos da aprendizagem pautam-se na necessidade de se estabelecer uma linha tênue entre suas prescrições voltadas, especialmente, à análise dos resultados obtidos.

Para Luckesi (2007):

> A avaliação, diferentemente da verificação, envolve um ato que ultrapassa a obtenção de configuração do objeto, exigindo decisão do que fazer ante ou com ele. A verificação é uma ação que "congela" o objeto; a avaliação, por sua vez, direciona o objeto numa trilha dinâmica de ação (LUCKESI, 2007, p. 76).

Assim, os professores precisam ser capazes de pôr em prática os conhecimentos adquiridos em suas formações em prol do efetivo cumprimento do que hoje determina a legislação, todavia, não de forma acuada, mas, sim, reflexiva e crítica, buscando-se ressignificar conceitos e práticas que visem à aprendizagem do aluno mediante suas possibilidades contextuais e cognitivas.

Relação da BNCC e as avaliações externas

Com o propósito de padronizar referências às avaliações externas, a BNCC tem sido alvo de discussões relativas às práticas de ensino não uniformes em todas as regiões do país, haja vista se tratar de uma proposta relativamente recente, mesmo que prevista no seio da Constituição Federativa do país, de 1988, sua efetividade, com força de lei, parte do ano de 2017, o que requer certa tolerância de tempo para que os reais resultados dessa implementação possam ser expressos.

> Há ainda uma outra complicação: o significado dos índices habituais de sucesso escolar dos alunos – taxas de promoção, notas, porcentagens – varia segundo o contexto. A mesma nota não corresponde às mesmas competências e competências iguais são avaliadas diferentemente de um estabelecimento e até de uma classe a outra, uma vez que as notas resultam em geral de uma comparação local entre alunos que

seguem o mesmo programa (PERRENOUD, 2003, p. 11).

Os resultados de avaliações externas acabam por uniformizar um contexto que na realidade é constituído pela diversidade de espaços, possibilidades de ensino e de aprendizagem, dentre outros elementos que acabam sendo suprimidos em avaliações padronizadas que visam identificar o progresso educacional, mas que, ao mesmo tempo, obscurece os esforços docentes investidos para a melhoria do processo de ensino e, consequentemente, de aprendizagem.

> A escola só pode avaliar, no cotidiano, aquilo que ela *grosso modo* ensinou, enquanto as avaliações externas em larga escala medem o nível de domínio daquilo que se *reputa ter sido ensinado* em todas as escolas a partir do currículo formal. Fiéis aos textos, tais avaliações não levam em conta a realidade diversificada do ensino e do trabalho escolar (PERRENOUD, 2003, p. 11).

A exclusão dos processos avaliativos acerca das especificidades dos contextos e processos de ensino, identificada pelo autor, está intrinsecamente relacionada ao que hoje identificamos com a proposta da BNCC para a Educação Básica, ou seja, apresentam-se conteúdos, objetivos, competências e habilidades que possam ser, futuramente, conferidas por avaliações externas, mas que não levam em conta todo um conjunto de condições que viabilizaram ou obstruíram o processo de ensino-aprendizagem, indiscriminadamente.

De acordo com Barreto (2016):

> Ou seja, não há como discutir as questões relativas à BNCC fora da sua relação com a proposta de avaliação externa: quanto mais específicas forem as descrições, maior será a padronização e mais eficientes os instrumentos para aferir resultados. Assim, argumentos concentrados na "base" servem mais como cortina de fumaça ao movimento de assumi-la metonimicamente como sendo o todo, invocando estratégias como a de "democratização" (BARRETO, 2016, p. 778).

O que, de fato, falta na proposta da BNCC são espaços relacionados a discussão acerca das lacunas existentes nos processos de ensino-aprendizagem que perduram em todo o território e que acabam sendo ignorados quando se busca implantar determinações normativas sem antes buscar sanar tais contrariedades.

Avaliações *versus* exames

Em um contexto educacional movido por verificações e análises, torna-se importante compreender as diferentes características da avaliação e de exame, haja vista que são propostas avaliadoras nacionais, mas que acabam sendo confundidas em diferentes momentos e contextos.

De acordo com a ex-presidente do Instituto Nacional de Estudos e Pesquisas Educacionais Anísio Teixeira, Maria Inês Fini, existem notórias distinções entre avaliação e exame, conforme apontadas a seguir:

Quadro 2 – Diferenças entre avaliações e exames.

AVALIAÇÃO	EXAME
Público-alvo são sistemas de ensino e instituições	Público-alvo são indivíduos
Participação censitária ou amostral	Participação voluntária
Resultados agregados	Resultados individuais
Os indivíduos não respondem ao mesmo teste	Todos respondem ao mesmo teste

Fonte: FINI/INEP (2017).

Deste modo, as avaliações (internas e externas) correspondem à obrigatoriedade da aplicação de abordagens avaliativas guiadas pelos parâmetros educacionais (BNCC) enquanto os exames correspondem à opção do indivíduo, que passou pelos processos avaliativos obrigatórios, em submeter-se a avaliações que constatem a eficácia e níveis de aprendizagens nas áreas de conhecimento a qual esteve inserido em período de formação básica.

Considerações finais

A avaliação é uma ação presente em diversos contextos sociais, e busca-se avaliar para que, a partir dos resultados obtidos, possam-se aprimorar determinados costumes. No meio educacional, avaliar torna-se um processo carregado de atribuições, processos e múltiplos resultados o que requer da visão comprometida e reflexiva de todos os professores quanto aos mecanismos acionados para averiguar o desempenho dos alunos, bem como suas próprias práticas, em fluxo de contínuas transformações e adaptações.

Todavia, as avaliações externas tem se apresentado distantes do acompanhamento das práticas de ensino em seus múltiplos contextos o que pode refletir, positiva e negativamente, nos resultados obtidos, pois a mensuração dos meios é neutra e homogênea, oportunizando discussões que apontam lacunas em tais dispositivos avaliativos e, consequentemente, suas contribuições quanto ao que se refere à promoção de novas políticas públicas educacionais.

Assim, uma vez que professores e avaliações externas estejam estreitamente relacionados, a condução do processo avaliativo (interno e externo) poderá comungar de resultados, significativamente, aproximados dos contextos específicos e capazes de contribuir, diretamente, na melhoria da qualidade da educação, o que refletirá, consideravelmente, no progresso da educação, como um todo.

Referências

BARRETO, Raquel Goulart. **Entre a base nacional comum curricular e a avaliação:** a substituição tecnológica no ensino fundamental. Revista Educ. Soc., Campinas, v. 37, n. 136, p. 775-791, jul.-set., 2016.

BRASIL. Ministério da Educação. Conselho Nacional de Educação. Conselho Pleno. Resolução CNE/CP, nº 2, de 22 de dezembro de 2017. **Institui e orienta a implantação da Base Nacional Comum Curricular, a ser respeitada obrigatoriamente ao longo das etapas e respectivas modalidades no âmbito da Educação Básica.** Disponível em: http://portal.mec.gov.br/index.php?option=com_docman&view=download&alias=79631-rcp002-17-pdf&category_slug=dezembro-2017-pdf&Itemid=30192. Acesso em: 10 jan. 2021.

CÂNDIDO, Rita de Kássia; GENTILINI, João Augusto. **Base Curricular Nacional:** reflexões sobre autonomia escolar e o Projeto Político-Pedagógico. Revista Brasileira de Política e Administração da Educação - Periódico Científico Editado Pela ANPAE, v. 33, n. 2, p. 323-336, mai./ago. 2017.

CUNHA, Eduardo Carlos Souza; MÜLLER, Eucinéia Regina. **Avaliações em larga escala:** uma tentativa de controle, regulação, captura e padronização do cotidiano escolar. Cadernos da Fucamp, v.17, n. 29, p. 143 - 163, 2018.

FINI, Maria Inês (Presidente do INEP). Instituto Nacional de Estudos e Pesquisas Educacionais Anísio Teixeira. **BNCC e Sistema de Avaliação da Educação Básica.** Brasília-DF, Outubro 2017. Disponível em: https://www.google.com/search?q=inep&rlz=1C1RLNS_pt-BRBR909BR909&oq=inep&aqs=chrome.0.69i59j69i57j69i59l2j69i60l4.984j0j7&sourceid=chrome&ie=UTF-8. Acesso em: 18 jan. 2021.

LOPES, Alice Casimiro; MACEDO, Elizabeth. **Teorias de Currículo.** São Paulo: Cortez, 2011.

LUCKESI, Carlos Cipriano. **Gestão Democrática da escola, ética e sala de aula.** ABC Education, n. 64. São Paulo: Criarp, 2007.

MIRANDA, Juliana. **O que muda nas avaliações com a Base Nacional Curricular Comum?** (2015). Disponível em: https://redes.moderna.com.br/2015/10/02/o-que-muda-nas-avaliacoes-com-a-base-nacional-curricular-comum/. Acesso em: 25 jan. 2021.

PERRENOUD, Philippe. **Sucesso na escola:** só o currículo, nada mais que o currículo! Cadernos de Pesquisa, n. 119, julho, ISSN 1980-5314, 2003, n. 119, pp.09-27.

ZANOTTO, Marijane; SANDRI, Simone. **Avaliação em larga escala e BNCC:** estratégias para o gerencialismo na educação. REVISTA TEMAS & MATIZES, ISSN: 1981-4682, Cascavel, v. 12, n. 23, p. 127 – 143, jul./dez. 2018.

Conhecendo os Autores

Robson José de Moura Silva – Doutorando e Mestre em Ciências da Educação. Professor de Educação Física e Pedagogo. Especialista em Cinesiologia, Biomecânica e Treinamento Físico. Estudioso das áreas de Gestão Escolar, Políticas Púbicas Educacionais e Currículo Escolar. Possui vasta produção na área da Educação. Sensei de Judô (3° DAN). Diretor Sócio da Conquista Assessoria Acadêmica. robsonjosedemourasilva@gmail.com

Sônia Maria de Lima – Doutoranda e Mestra em Ciências da Educação. Especialista em Gestão do Sistema de Ensino. Possui Graduações em Teologia, e Pedagogia. Professora de Sala de Leitura do Ensino Fundamental. Lecionou em todas as fases da Educação Básica (Educação Infantil; Ensino Fundamental e Médio) e experiência na Coordenação e Gestão Escolar. Autora de livro que trata acerca da avaliação na Educação Especial. Desenvolve estudos acerca da Educação Básica brasileira, com publicações em revistas e periódicos nacionais e internacionais. sonlima28@hotmail.com

Luciano dos Santos – Doutorando e Mestre em Ciências da Educação. Professor de Língua Inglesa e Pedagogo. Especialista em Ensino de Língua Inglesa e Literaturas. Possui experiência em todas as fases da Educação Básica (regular e EJA), no Ensino Superior e na Educação a Distância. Possui estudos desenvolvidos na área da Educação brasileira e suas múltiplas interfaces, bem como Tecnologias Educacionais e Inclusão Escolar. Diretor Sócio da Conquista Assessoria Acadêmica. lucianoufrn2@gmail.com

Daniele Tavares de Miranda Correia – Doutoranda e Mestra em Ciências da Educação. Pós-Graduada em Educação Especial e Gestão Educacional. Pedagoga. Membro do Conselho de Altos Estudos em Educação (CAEduca), Chefe de Divisão dos Anos Iniciais da Secretaria de Educação do Recife/PE, Professora Acadêmica visitante em diversas Universidades compondo os Núcleos de Pedagogia e Neuropedagogia, Formadora Educacional pela Faculdade Senac e Pesquisadora do Núcleo de Pesquisa e Inovação NUPI - PCR da UNICAP em exercício e Diretora Executiva da Kronos. danieletmiranda@gmail.com

David Irving da Silva – Doutorando e Mestre em Ciências da Educação. Especialista em Educação Física Escolar. Licenciado em Educação Física. Coordenador do Programa Segundo Tempo. Coordenador do Brasil Alfabetizado. Leciona há 16 anos. 6 anos na rede pública municipal. 8 anos na rede pública estadual e 4 anos na rede privada. davidirving_@hotmail.com

Jacqueline Fonseca de Queiroz – Doutoranda e Mestra em Ciências da Educação. Especialista em Coordenação Pedagógica. Pedagoga e Licenciada em Ciências Biológicas. Professora e Coordenadora de Inspeção Escolar, em Guamaré/ RN. Desenvolve estudos acerca da Educação Básica brasileira, com publicações em revistas e periódicos nacionais e internacionais. jacfqueiroz@gmail.com

Jefferson Freire Peixoto – Doutorandoe Mestre em Ciências da Educação. Especialista em Psicopedagogia e Gestão Escolar. Pedagogo. Professor de Sala de multimídia. Professor dos Anos Iniciais do Ensino Fundamental. Também possui experiência nos Anos Finais do Ensino Fundamental, Ensino Médio e Educação de Jovens e Adultos. Além de experiência em gestão e finanças públicas. Autor de capítulo de livro sobre a Avaliação na Educação Especial. Desenvolve estudos relacionados ao impacto do uso das TDICs na sala de aula, com publicações em revistas e periódicos nacionais e internacionais. jeffpx@uol.com.br

Jorge Mardini Sobrinho – Doutorando em Ciências da Educação. Mestre em Ciência Política e Sociologia. Especialista em Conservação e Restauração. Arquiteto e urbanista. Professor em exercício permanente do Magistério Superior, Classe 6, da Universidade Federal do Acre. mardini-sobrinho@gmail.com

Manassés Duarte de Souza – Doutorando e Mestre em Ciências da Educação. Especialista em Coordenação Pedagógica. Pedagogo. Coordenador Pedagógico na Escola Prof. Bartolomeu Fagundes, no município de Baía Formosa/RN, em exercício. manassesbf2@gmail.com

Maria Edilene Bezerra dos Santos – Doutoranda em Ciências da Educação. Mestra em Ciências da Educação e Multidisciplinaridade. Especialista em Psicopedagogia. Licenciada em Letras, Língua Inglesa. Professora da Rede Municipal de Arcoverde/PE, Coordenadora do EaD Polo ETE Arcoverde/PE. mebsloira40@gmail.com

Marina Gomes S ilva Guedes – Doutoranda e Mestra em Ciências da Educação. Especialista em Leitura e Produção Textual, Libras, Neuropsicopedagogia Institucional e Clínica. Licenciada em Letras e Pedagoga. Professora da rede Municipal de ensino de Natal/RN. Professora Acadêmica visitante dos cursos de Graduação e Pós Graduação/Pedagogia e Psicopedagogia. marina.gomes02@hotmail.com

Marta Joelma Bezerra – Doutoranda e Mestra em Ciências da Educação. Especialista em Ensino da Língua Inglesa, Supervisão e Orientação Educacional. Licenciada em Letras - Língua Inglesa. Professora da rede estadual do Rio Grande do Norte e da rede municipal na cidade de Guamaré/RN em exercício. martajoelma77@gmail.com

Patrícia Nonnenmacher – Doutoranda e Mestra em Ciências da Educação. Especialista em Pedagogia Escolar: Supervisão, Orientação e Administração e em Psicopedagogia Clínica e Institucional. Licenciada em Letras: Português, Inglês e respectivas Literaturas. Possui experiência profissional até 2019, a frente da Divisão de Programas e Projetos da Secretaria Municipal de Educação de Gravataí/RS. Presentemente atuando como Supervisora Escolar no Município de Gravataí/RS. patynon05@gmail.com

Rejane Freitas de Miranda – Doutoranda em Ciências da Educação. Graduada em Letras. Pós-Graduada em Literatura Comparada e Gestão Pública. Atualmente é gestora do Centro Estadual de Educação Profissional Hélio Xavier de Vasconcelos em Extremoz/RN. mirandaprojovem@bol.com.br

Ricardo José da Silva – Doutorando e Mestre em Ciências da Educação. Mestre em Engenharia do Petróleo e Gás. Especialista em Educação de Jovens e Adultos (EJA), Didática, Formação Docente e Metodologias, Gestão e Engenharia de Petróleo e Gás. Graduação em Matemática. Tecnólogo em Petróleo e Gás Natural. ric461@hotmail.com

Ricardo Faustino Avelino – Doutorando e Mestre em Ciências da Educação. Especialista em Docência no Ensino Médio, Língua Portuguesa e Matemática numa Perspectiva Transdisciplinar. Graduado em Física, Matemática e Pedagogia. ricardofismat@yahoo.com.br

Rosimar Melo Gonçalves de Sousa Guimarães – Mestra em Ciências da Educação. Graduada em Pedagogia. Especialista em Psicopedagogia Clínica e institucional e Neuropedagogia. Conhecedora e pesquisadora em Neurociências, transtorno e dificuldade de aprendizagem. Ministra aulas nas turmas de graduação e pós-graduação, palestrante e professora séries iniciais na rede pública. rosimarguimaraes@yahoo.com.br

Maria da Piedade Pereira de Souza – Mestra em Ciências da Educação. Pedagoga. Especialista em Coordenação. Coordenadora Pedagógica no município de Extremoz/RN. Professora no município de Natal. Professora convidada da FACEN. piepereira@hotmail.com

Dominique de Oliveira Batista Lima – Mestra em Ciências da Educação. Pedagoga. Especialista em Psicopedagogia, Neuropedagogia, Educação Infantil, Gestão e Coordenação Pedagógica. Diretora e Professora Especialista em turmas de Graduação e Pós-Graduação. dominique-lima_2017@outlook.com

Elzaneide Morais das Chagas – Mestra em Ciências da Educação. Especialista em Psicopedagogia Institucional e Clinica, Gestão e Coordenação e em Educação Especial. Pedagoga. Possui experiência enquanto professora da Educação Básica da cidade do Nata/RN. Secretária Geral da Faculdade de Ciências Educacionais e Empresariais de Natal-FACEN, Coordenadora dos Cursos de Pós Graduação e Extensão Universitária. Desenvolve estudos sobre as dificuldades de aprendizagem da leitura e escrita nos Anos Iniciais do Ensino Fundamental. elzaneidemorais@outlook.com

Maria do Livramento de Freitas Nascimento – Mestranda em Ciências da Educação. Especialista em Educação Infantil e Alfabetização. Pedagoga. Professora da Educação Básica (Anos Iniciais do Ensino Fundamental). Possui experiência na área de alfabetização de jovens e adultos e desenvolve estudos acerca da participação da família na vida educacional dos filhos.mlfreitas2@hotmail.com

Suely de Lemos Alves Oliveira – Mestranda em Ciências da Educação. Especialista em Psicomotricidade Institucional e Clínica. Licenciada em Geografia. Pós- Graduanda em Neurodesenvolvimento com Ênfase no TEA. Atualmente é Palestrante com experiência na área do Autismo. suelylemos1996@gmail.com

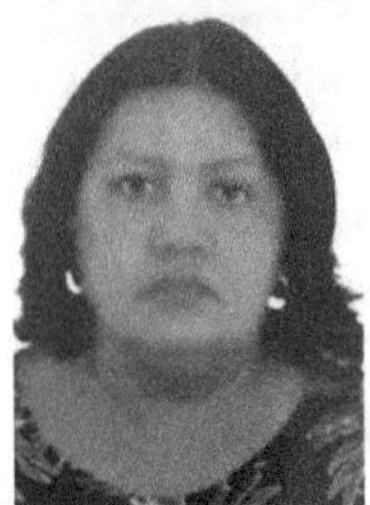

Daliana Maria do Nascimento – Mestranda em Ciências da Educação. Especialista em Educação e Literatura e Ensino. Graduada em Letras Língua Portuguesa. Funcionária pública efetiva dos municípios de Ceará-Mirim/RN e Parnamirim/RN. Professora de Português (Anos Finais do Ensino Fundamental). dalianánascimento@gmail.com

Jadna Marisa Silva de Sousa – Mestranda em Ciências da Educação. Pedagoga e especialista em processos Educacionais - Apoio Pedagógico, também em Educação Infantil e Ensino Fundamental Anos Iniciais e Educação Ambiental. Possui experiência em Laboratório de Informática educacional e atualmente está em sala de aula, nos Anos Iniciais. jadnamarisa@gmail.com

Wdemira Silva de Aguiar Siqueira – Mestranda em Ciência da Educação. Especialista em Educação Infantil. Possui cursos de aperfeiçoamento especializado em AEE e Alfabetização. Graduada em Pedagogia. Atua como professora do ciclo de alfabetização com turma multisseriada em escola rural do município de São Gonçalo do Amarante/RN. Orienta trabalhos sociais na área esportiva para crianças na perspectiva de estimular o alfabetizar letrando. wdemiras@gmail.com

Salete Ferreira da Costa – Mestranda em Ciências da Educação. Especialista em Educação Infantil e Anos Iniciais. Graduada em Pedagogia. Professora na Escola Estadual Imaculada Conceição em Ceará Mirim. Já atuou por alguns anos enquanto professora de Educação Infantil, no CEMEI Luiz Gonzaga em Natal/RN. Já publicou artigos pelas Editoras Diálogo Freiriano (2021) e Queima Bucha (2020). Pesquisadora apaixonada pelo ensino da educação pública. saletecosta28@gmail.com

Maria José Ferreira da Costa – Mestranda em Ciências da Educação. Especialista em Psicopedagogia Institucional e Educação Infantil e Anos iniciais. Graduada em Pedagogia. Técnica em Multimeios Didáticos. Servidora pública (Educadora Infantil) da Prefeitura de Natal/RN e de João Câmara/RN. Possui artigos publicados pela Editora Queima Bucha (2020) e pela Editora Diálogo Freiriano (2021). m.jose_costahotmail.com

Francisca Ferreira da Costa – Mestranda em Ciências da Educação. Especialista no Ensino de Língua Portuguesa. Graduada em Letras com Habilitação em Língua Portuguesa. Professora das redes estadual e municipal de Educação. Tem ampla experiência com o Ensino da Educação de Jovens e Adultos (EJA) segundo segmento trabalha também com os Anos Iniciais do Ensino Fundamenta. Nos últimos meses publicou artigos pelas editoras: Diálogo Freiriano e Queima Bucha. francosta29@gmail.com

Zilma Ferreira da Costa Santos Silva – Mestranda em Ciências da Educação. Especialista em Psicopedagogia Institucional e em Educação Infantil e Anos Iniciais do Ensino Fundamental. É graduada em Pedagogia. Técnica em Multimeios Didáticos. Professora com mais de 15 anos de experiência no Ensino Infantil. É amante do ensinar brincando e das cantigas de roda. A sua primeira vivência profissional foi na Creche Menino Jesus. Já exerceu atividades como coordenadora pedagógica no CEI Monsenhor Rui Miranda em Ceará-Mirim/RN, local onde trabalha. Possui artigos publicados pela Editora Queima Bucha (2020) e pela Editora Diálogo Freiriano (2021). zilminha.eg@gmail.com

Zuleide Ferreira Costa de Souza – Mestranda em Ciências da Educação. Especialista em Psicopedagogia e Educação Infantil. Graduada em Pedagogia. Trabalhou enquanto Secretária Paroquial na Igreja Matriz de Nossa Senhora da Conceição em Ceará-Mirim/RN. Atualmente é funcionária pública e atua, exclusivamente, há 12 anos na educação como educadora. Pesquisadora apreciadora da leitura. Possui publicações de artigos pela Editora Queima Bucha (2020) e pela Editora Diálogo Freiriano (2021). zuleide.costa23@gmail.com

Maria Janaína Oliveira Bezerra – Mestranda em Ciências da Educação. Especialista em Alfabetização. Graduada em Pedagogia. Funcionária pública efetiva dos municípios de Macaíba/RN e São Gonçalo do Amarante/RN. marijanainaobs@hotmail.com

Maria Tereza de Souza – Mestranda em Ciências da Educação. Graduada em Pedagogia. Especialista em Alfabetização Pedagógica. Atualmente desempenha sua função como professora dos Anos Iniciais do Ensino Fundamental e como Suporte Pedagógico na rede pública de ensino. Suas leituras/estudos estão voltadas ao processo de construção da alfabetização e letramento; numa perspectiva de elaboração do saber e emancipação. terezasgomes01@hotmail.com

Rayssa Bruna Gomes Temoteo – Especialista em Educação Infantil e Anos Iniciais do Ensino Fundamental. Graduada em Pedagogia. Graduanda em Biologia. Possui experiência enquanto Assistente de Alfabetização no Programa Mais Alfabetização e professora de Educação Infantil e Anos Iniciais do Ensino Fundamental. Tem como área de estudos os transtornos psicológicos na modalidade infantil, com ênfase em autismo e metodologias ativas de ensino. raaybru@gmail.com

Elisama da Silva Araújo – Especialista em Educação Infantil e Anos Iniciais do Ensino Fundamental, Coordenação e Gestão Escolar, Psicopedagogia Clínica e Institucional, Alfabetização e Letramento. Graduação em Pedagogia. Professora na rede particular de ensino, Escola CEIMH, Macau/RN e da rede municipal de Guamaré/RN em exercício. elisama_alohayne@hotmail.com

Aline Pedro de Moura – Especialista em Alfabetização e Letramento. Técnica em Informática. Graduada em Pedagogia. Possui experiência docente nos Anos Iniciais do Ensino Fundamental e na Educação de Jovens Adultos (EJA) da rede pública municipal de Macaíba/RN. Pesquisadora na área da educação e tecnologia e projetista na área da educação e ações de impacto social. alinepedro@ufrn.edu.br

Mariana Silva Furtado – Especialista em Educação Ambiental e Geografia do Semiárido. Graduada em Ciências Biológicas. Professora de Ciências Naturais e Biologia. Experiência em monitoria no Programa Mais Educação. marianafurtado19@hotmail.com

Maria da Conceição dos Santos Leandro– Especialista em Libras, Língua Portuguesa e Literatura Brasileira, Ensino da Língua Portuguesa e em Educação de Jovens e Adultos (EJA). Licenciada em Letras. Professora de Língua Portuguesa em exercício nos municípios de Guamaré/RN e Galinhos/RN. ceycysantos@hotmail.com

Francisca Salinesia dos Santos Silva Martins – Especialista em Educação Infantil e Anos Iniciais, Atendimento Educacional Especializado (AEE). Pedagoga, Professora atuante no Ensino Fundamental I, com experiências em alfabetização nos anos iniciais do Ensino Fundamental, nos municípios de Macau/RN e Guamaré/RN. salinesiamartins637@gmail.com

Francisco Fernandes da Silva Filho – Mestrando em Ciências da Educação. Pedagogo. Possui experiência profissional na Secretaria de Educação dos municípios de Natal/RN e de São Gonçalo do Amarante/RN. Dedica-se à área de estudos sobre inclusão. fcofernandes1996@gmail.com

Composto na

CAULE DE PAPIRO GRÁFICA E EDITORA

Rua Serra do Mel, 7989, Cidade Satélite

Pitimbu | Natal/RN | (84) 3218 4626

cauledepapiro.com.br

www.ingramcontent.com/pod-product-compliance
Lightning Source LLC
LaVergne TN
LVHW010057170826
845678LV00012B/2160